KB119532

그래서요, 내 성격이 뭔데요?

그래서요,
내 성격이
뭔데요?

20가지 심리 테스트로 여는 진로 탐색 첫걸음

글쓴이 앨리스 하먼 | 그린이 블록 마나예 | 옮긴이 황유진

위즈덤하우스

차례

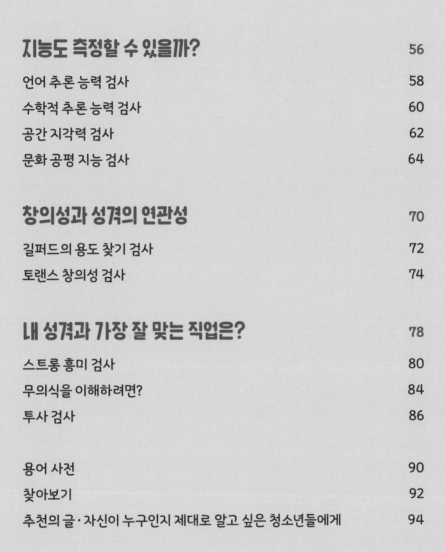

웹사이트, 잡지, 소셜 미디어마다 성격 유형 검사가 넘쳐 난다. 디즈니 캐릭터 중 나와 가장 비슷한 인물은 누구일까? 내가 제일 좋아하는 치즈는 무엇을 의미할까? 내가 속할 호그와트 기숙사는 어디일까? 이런 검사는 무척 재미있지만(특히 기분 좋은 대답을 듣는다면), 재미 말고 무언가 더 있지는 않을까? 성격 유형 검사에는 어떤 과학이 숨겨져 있을까? 또 이런 검사를 통해 나 자신에 대해 무엇을 배울 수 있을까?

『그래서요, 내 성격이 뭔데요?』는 자신과 관련된 수많은 연구들을 더 깊이 들여다보는 책이다. 허구의 이야기에서 사실을 도출하고 분석해 진짜 나를 드러낼 수 있도록 돕는다. 또한 성격이란 무엇인지, 성격을 측정하고 분석하려는 사람들의 노력이 얼마나 오랫동안 이어져 왔는지도 살펴본다. 고대 그리스 학자부터 현대 심리학자, 과학자에 이르기까지 행동과 마음에 대해 연구해 온 이들의 역사를 만나 보자. 물론, 지금 보면 말도 안 되는 이론들도 많이 있다.

이 책에 실린 성격 유형 검사 스무 가지를 해 보면, 자신을 좀 더 살펴보는 기회를 갖게 된다. 유형 검사 뒤에 숨겨진 아이디어와 과학 이론을 알면, 각 유형 검사를 얼마나 진지하게 받아들여야 할지 판단할 수 있다. 성격 유형과 성격 특성의 차이나 좌뇌형-우뇌형의 신화 뒤에 숨겨진 비밀을 살펴보고 내 마음을 깊이 탐구해, 나의 강점을 발견해 보자. 나는 말의 귀재인가? 수학의 천재인가? 아니면 창의적인 발명가인가? 나의 흥미, 재능, 성격에 꼭 맞는 직업은 무엇일까?

이 책은 우리의 삶과 결정에 성격이 얼마나 많은 영향을 끼치는지 깨닫게 한다. 또 스스로에 대해 잘 알수록 좀 더 행복해질 수 있다는 점도 배우게 된다.

성격에 따라 삶이 특정한 모습으로만 규정되지는 않는다는 점을 기억하자. 다만 성격을 제대로 파악하면 나의 선택과 행동을 보다 명확하게 이해할 수 있다. 또 누가 뭐라든 나의 감정이 어떠한지 더 집중해 제대로 받아들이게 된다.

나는 생각하는 사람인가, 행동하는 사람인가? 배려하는 편인가, 경쟁적인 편인가? 논리와 질서를 중시하는가, 자유분방하게 꿈꾸며 사는가? 이 책을 읽다 보면 이러한 질문에 대한 답을 찾게 될 것이다. 무엇보다도 나뿐만 아니라 우리 모두가 얼마나 특별한 사람인지 알게 된다. 이렇게 서로 다른 사람들이 어울려 살고 있기에, 지구에서 살아가는 건 참 복잡하고 근사한 일이다.

준비가 되었다면, 출발해 보자.

성격이란 무엇일까?

성격 이해하기

성격 검사를 하기 전, 먼저 무엇을 분석하는지 살펴보자.

성격이란 무엇일까? 기본적으로 성격은 어떤 사람에 대해 '~ 같다'라고 묘사하는 지점을 뜻한다. 사람마다 세상을 바라보고 소통하는 방식이 다른 이유는 저마다 성격이 다르기 때문이다. 실생활에서 예를 한번 들어 보자.

한나와 카르멘은 친한 친구 사이이다. 두 사람은 파티에 초대받았고 파티 주최자 외에는 아는 사람이 없다. 한나는 밤새 신나게 놀고 새로운 사람들을 만날 생각에 들떴다. 하지만 카르멘은 모르는 사람들을 만나는 게 겁나, 집에 머물고 싶었다.

파티장에서 한나는 처음 보는 사람들에게 바로 다가가 자신을 소개하고 대화를 시작했다. 반면 카르멘은 사람들 주변을 서성이며, 주로 다른 사람의 이야기를 들으며 시간을 보냈다. 같은 상황이지만 두 사람은 전혀 다르게 느끼고 행동했다.

8

나를 알아 간다는 것

한나와 카르멘은 어떤 사람일까? 성격은 반복적인 패턴과 관련이 많기 때문에, 단 한 순간의 행동으로 성격을 설명하기란 어려운 일이다. 하지만 이런 행동이 한나와 카르멘의 전형적인 모습이라면 어떨까? 물론 그렇다고 해도 두 사람의 성격을 다 이해할 수는 없다. 다만 어떤 심리학자들은 사람들의 행동이, 그 사람을 정의하는 '성격 유형'을 보여 준다고 생각한다.

현대 심리학자들은 '성격 특성'이라는 용어를 더 많이 사용한다. 성격 특성은 많은 사람들이 공유하는 사고, 감정, 행동의 패턴을 의미한다. 앞선 예시를 다시 살펴보면, 한나는 외향적이고 카르멘은 보다 내향적이거나 수줍음을 많이 탄다고 할 수 있다. 이때 누구 성격이 더 낫다고는 할 수 없다. 그저 다를 뿐이다. 또한 한 가지 특성으로 모든 성격을 말할 수는 없다. 누군가를 두고 '이런 성격 같다'고 말하기 위해서는, 여러 특성뿐만 아니라 특성들이 어떻게 상호 작용하는지도 알 필요가 있다.

요즘에는 사람의 성격이 지문처럼 매우 복잡하다는 인식이 널리 퍼져 있다. 다른 누군가와 비슷한 특성을 가질 수는 있지만, 그렇다고 그 사람과 성격이 같은 건 아니라는 말이다. 성격, 즉 사고와 감성과 행동이 함께 작용하는 패턴의 정확한 배합은 각자만의 고유한 것이다.

성격은 어디에서 온 걸까?

우리는 어떻게 저마다의 성격을 갖게 된 걸까? 지문처럼 타고난 걸까? 백지 상태로 태어나지만 시간이 흐르면서 점차 형성된 걸까? 후천적으로 특정 성격이 만들어지도록 통제할 수 있을까?

쌍둥이 연구 결과에 기초해, 최근 과학자들은 성격의 30~50%는 유전적으로 타고나고 나머지는 환경에 의해 형성된다고 말한다. 가족, 친구, 그리고 살면서 경험했던 일들이 지금의 성격을 만드는 데 영향을 미쳤다는 의미이다.

하지만 이게 전부는 아니다. 연구 결과에 따르면, 어른이 될 때까지 성격은 크게 변할 수 있다. 그 이유 중 하나로 '성격 눈덩이 효과'를 꼽는다. 성격은 내가 하는 선택에 영향을 미치고, 그 선택은 다시 성격에 영향을 미친다. 그리고 이런 일이 반복되다 보면, 성격 중 특정 부분이 유난히 발달한다. 어른이 된다고 끝이 아니다. 어른이 된 후에도 성격은 일생에 걸쳐 서서히 변할 수 있다. 물론 성격이 갑작스레 크게 변하는 일이 드물긴 하다.

성격을 검사하는 방법

성격이 무엇인지 살펴보았으니, 이번에는 성격 검사에 대해 알아보자.
성격 검사는 어떻게 할까? 누가 검사를 진행할까?

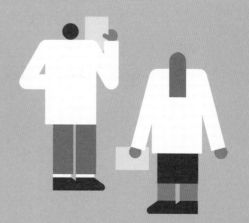

누가?

답하기 쉬운 두 번째 질문부터 시작해 보자. 보통 성격 검사는 심리학자들이 공식 연구를 목적으로 수행한다. 심리학은 인간의 마음을 과학적으로 연구하는 학문으로, 인간이 어떤 행동을 하는 이유를 밝히는 데 초점을 둔다.

하지만 누구든 과학과는 전혀 상관없이 성격 검사와 비슷해 보이는 퀴즈를 만들 수 있다. '신화에서 가장 좋아하는 동물은?'이라는 질문과 그에 대한 대답을 바탕으로 사람의 성격을 판단하는 검사 체계를 만들 수도 있다. 이런 퀴즈는 대부분 재미로 만들어진다. 실제로 인터넷에는 자칭 전문가들이 만들어 낸, 과학적 근거는 전혀 없지만 '진지해 보이는' 검사들이 넘쳐 난다. 이런 검사들은 잘못된 정보를 줄 수 있으므로 잘 가려낼 필요가 있다.

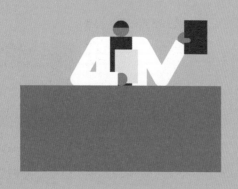

어떻게?

"어떻게?"라는 질문의 대답은 좀 더 길고 복잡하다. 과거부터 현재까지 많은 심리학자와 과학계 인사들이, 성격 검사 방법을 제안해 왔다. 그중 일부는 지금 보면 황당무계하고, 완전히 잘못된 방법임이 밝혀지기도 했다(머리에 난 혹과 돌기로 성격을 판단한다든지…). 여기에서는 이런 방법들은 제외하고, 지금도 이용할 수 있는 방법 위주로 살펴본다.

전문가와 대화 나누기

꽤 오랫동안, 전문가와의 상담만이 성격을 진단하는 유일한 방법이었다. 심리학자 같은 전문가들이 상담을 한 후 대화 내용을 분석하는 식으로 말이다. 지그문트 프로이트나 칼 융이라는 이름을 들어 본 적 있을 것이다. 프로이트와 융은 20세기의 유명한 심리학자로, 두 사람을 비롯한 여러 심리학자들은 내담자(상담자의 도움을 받아 심리적 어려움을 해결하고자 하는 사람)와의 대화 내용과 방식을 바탕으로, 성격을 진단하는 고유하고 복잡한 체계를 만들어 냈다. 그런데 여기에는 몇 가지 논란거리가 있다. 검사를 진행하는 사람의 관점에 따라 결과가 크게 달라질 수 있다는 것이다. 또한 분석가가 도출한 결과가 실제로 맞는지 검증할 만한 뚜렷한 과학적 증거가 없다는 점도 문제이다.

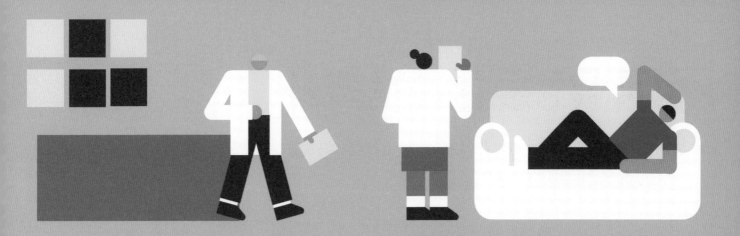

직접 대답하기

현대 심리학에서는 내담자에게 스스로와 관련된 질문을 던지거나, 질문지를 나누어 준다. 대부분은 예/아니오, 참/거짓, 여러 선택지 중 하나 또는 여럿을 선택하게 해 점수를 매기는 질문들이 주어진다. 이렇게 점수화할 경우 모두가 같은 기준으로 검사를 받기 때문에, 분석이 쉽고 다른 사람들의 검사 결과와 비교하기도 쉽다. 이 책에 실린 테스트 대부분도 이런 검사 방법을 바탕으로 삼는다.

다양한 정보 모으기

심리학자들은 질문지 외에도 다양한 검사 방법들을 함께 활용한다. 자신이 바라보는 나와 다른 사람이 바라보는 나의 모습에 차이가 있기 때문이다. 그래서 조금 다른 각도로 바라보는 시선이 필요하다. 그리고 피검자(검사를 받는 사람)의 대답을 가족, 친구, 심지어 낯선 사람이 피검자에 대해 답한 내용과 비교한다. 어떤 연구자들은 피검자에게 녹음기를 달아, 피검자가 질문에 대해 답하고 행동하는 방식을 수집한다.

뇌가 보여 주는 성격

현대 과학에서는 사람의 마음과 뇌를 하나로 간주하여, 우리의 성격이 뇌 속에 존재한다고 생각한다. 기계로 뇌를 스캔하여 두개골 안에서 일어나는 놀라운 일들을 살펴봄으로써, 연구자들은 성격이 어떻게 작용하는지에 대해 더 많이 알 수 있게 되었다. 우리의 생각과 느낌 그리고 여기에서 비롯된 행동은, 뇌 속 수많은 신경 세포 간 주고받는 전기 신호에 의해 만들어진다. 과학자들은 뇌 속 활동이 사람마다 어떻게 다른지 살펴보며, 자신이 생각하는 성격과 어떤 차이가 있는지 비교 분석한다.

성격 유형을 둘러싼 역사

인간 역사를 통틀어 많은 사람들이 다양한 성격 유형을 정의하고 성격의 형성 방식을 설명하고자 노력해 왔다. 하지만 지금 보면 황당무계한 이론들도 많다.

사체액설

고대 그리스인들은 인간의 몸이 혈액, 점액, 황담즙, 흑담즙 이렇게 네 가지 체액으로 차 있으며, 네 가지 체액의 구성 비율이 성격을 결정한다고 생각했다. 특히 가장 많은 체액이 무엇인지에 따라 특정한 방식으로 행동한다고 믿었다.

흑담즙이 너무 많으면 우울질이다. 쉽게 우울해지는 성격이다.

점액이 너무 많으면 점액질이다. 침착한 성격이다.

별자리

생일 같은 단순한 정보가 성격을 결정할 수 있을까? 별자리는 그럴 수 있다는 생각에서 출발했으며, 이는 수천 년간 이어져 왔다. 열두 별자리는 땅, 물, 불, 공기 네 개의 영역으로 나뉘며, 각각 고유한 성격 특성을 가지고 있다.

염소자리, 황소자리, 처녀자리는 땅에 속한다. 현실적인 성격이다.

게자리, 전갈자리, 물고기자리는 물에 속한다. 감정적인 성격이다.

천칭자리, 물병자리, 쌍둥이자리는 공기에 속한다. 호기심 많은 성격이다.

황담즙이 너무 많으면 담즙질이다.
주도적인 성격이다.

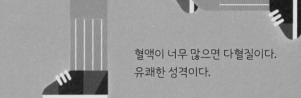

골상학

누군가를 진실로 알고 싶다면 머리에 툭 튀어나온
부분을 만져 보자. 별나게 들리겠지만, 두개골의
형상으로 성격을 짐작할 수 있다고 주장하는
골상학은 200년 전만 해도 과학적인 성격 검사의
하나로 손꼽혔다. 물론 지금은 통용되지 않는다. 골상학은 뇌의 여러
부분이 성격의 다양한 요소에 영향을 미친다는 생각에서 출발했다.
많이 사용한 부분은 커지고 잘 사용하지 않는 부분은 작아지기에,
두개골이 툭 튀어나오거나 쑥 꺼진다는 것이다. 그러나 실제 뇌의
성장과 두개골의 형상 사이에는 아무런 관계가 없다.

혈액이 너무 많으면 다혈질이다.
유쾌한 성격이다.

통속 심리학

오늘날 웹사이트와 잡지에는 '나는 얼마나 좋은 친구인가?', '나는
어떤 피자 토핑일까?' 같은 질문으로 성격을 규정하는 성격 검사가
넘쳐 난다. 재미 삼아 이런 검사를 해 본 사람도 많을 것이다. 미래
사람들은 우리가 이런 검사를 진지하게 받아들였다고 여길 수도
있는데, 만약 그렇다면 이상한 사람 취급할 게 뻔하다.

양자리, 사자자리, 사수자리는
불에 속한다. 적극적인 성격이다.

13

사체액설 나는 어떤 체질일까?

고대 그리스인이라면 나를 어떤 사람이라고 규정했을지 알아보자.
나는 다혈질, 우울질, 점액질, 담즙질 중 어디에 속할까?

❶

고민이 생겼다며 찾아온 친구에게 해 주고 싶은 말은?

A 네가 뭘 해야 하는지 알려 줄 테니 잘 들어 봐.
B 네가 제일 잘 알겠지만, 필요하다면 내 의견도 들려줄게.
C 울지 마. 기분 전환하게 아이스크림 먹으러 갈까?
D 네가 슬프니 내 마음도 힘들어. 모든 게 다 싫을 때가 있지.

❷

제일 재미있을 것 같은 직업은?

A 사업가
B 심리학자
C 배우
D 작가

❸

호그와트 기숙사 중 내가 가고 싶은 곳은?

A 슬리데린. 이길 수 있다면 뭐든 할 수 있거든.
B 후플퍼프. 친절하고 무난한 게 좋으니까.
C 그리핀도르. 나는 어떤 일이든 완전히 몰입하거든.
D 레번클로. 행동하기 전에 생각하는 편이라서.

❹

토요일 저녁, 나는 어디에 있을까?

A 운동 경기를 하고 있을 거야. 꼭 이겨야지 하면서.
B 친구 집에 가서 같이 영화 보고 있을 거야.
C 파티에서 사람들과 어울려 춤추고 수다 떨고 있을 거야.
D 집에 혼자 남아 책을 읽거나 그림 그리고 있을 거야.

❺

내가 생각하는 나의 장점은?

A 모두를 위해 내 의견을 자신 있게 말할 수 있어.
B 남의 말을 잘 들어 줘.
C 주변 사람들을 잘 웃겨.
D 창의적이고 생각이 깊은 편이야.

❻

내가 생각하는 나의 단점은?

A 쉽게 욱하는 성격이야.
B 내 의견을 내는 게 어려워.
C 정리를 잘 못해서 주변이 늘 지저분해.
D 때로 생각에 갇혀서 꼼짝 못 하곤 해.

❼

학교에서 조별 과제를 할 때, 주로 맡는 역할은?

A   리더를 맡아 대부분의 결정을 내려.
B   도울 수 있는 일이면 뭐든 돕는 편이야.
C   지루하거나 긴장될 때 모두를 웃게 만들어.
D   과제를 도맡아 해서 힘들지만, 다른
     조원들에게 힘든 티를 내지는 않아.

❽

휴일에 하고 싶은 일은?

A   산에 가서 텐트를 치고 자연을 탐험할 거야.
B   아늑한 곳에서 가족들과 보드게임을 하고 싶어.
C   친구들과 바닷가에 놀러 갈 거야.
D   혼자 조용히 책 읽고 그림 그리고 싶어.

❾

제일 친한 친구와 다투고 나서 하는 말은?

A   내 말이 맞으니 절대 굽히지 않을 거야.
B   싸우기 싫으니까 잘 풀어 보자.
C   화 많이 났어? 그러지 말고 기분 좀 풀어.
D   별말 안 할 거야. 조용히 있다가 자리를 피할 거야.

❿

내일까지 해야 할 숙제가 산더미야. 어떻게 할래?

A   집에 오자마자 숙제부터 할 거야. 피하려는 건
     시간 낭비일 뿐이야.
B   집에 오면 30분 정도 쉬고, 어떻게 할지 계획을
     세운 뒤 차근차근 하나씩 해 나갈 거야.
C   친구 집에서 늦게까지 게임할 거야. 숙제는
     잠들기 전 후다닥 해치울 거야.
D   숙제 시작 전까지 책을 노려보며 한참 걱정을 하겠지.

A가 제일 많으면 = 담즙질

담즙질은 포부가 크고 자신이 가야 할 길을 잘 안다. 자신이
계획한 일에 다른 무언가 끼어드는 것을 원치 않는다. 도전을
즐기고 자신만하며 열정이 넘친다. 하지만 욱하는 성미
때문에 다른 사람과 충돌이 생길 수 있다.

B가 제일 많으면 = 점액질

점액질은 충직하고 성실하며, 느긋하고 부드러운 사람이다.
주목받는 것보다 관찰하고 이야기 듣는 것을 더 좋아한다.
갈등을 싫어하고 주변을 행복하게 만들며 평화롭게 문제를
해결해 나간다.

C가 제일 많으면 = 다혈질

다혈질은 재미있고 낙관적이며 인생을 즐길 줄 안다.
사람들과 어울리기를 좋아해 친구가 많은 편이다. 그러나
때로 충동적이고 체계가 없어 타인을 실망시키기도 한다.

D가 제일 많으면 = 우울질

우울질은 민감하고 이상을 추구하며 창의적이다. 때때로
세계에 대해 깊이 생각하느라 혼자만의 시간을 보낸다.
자신의 생각에 갇혀 진지하고 침울한 인상을 줄 때도 있다.
하지만 이들은 일이 잘 풀리도록 많은 노력을 기울인다.

별자리 나는 어떤 성격일까?

이제 별을 바라볼 차례다. 나의 본래 별자리는 잠시 잊고 마음 깊은 곳을 들여다보자.
나는 물, 흙, 공기, 불 중 어떤 유형에 속하는 성격일까?

1

학교에서 두 과목 중 하나를 선택해야 해.
머릿속에 가장 먼저 떠오르는 생각은?

A 신중하게 생각해야 해. 잘못 선택했다가는 꽤 피곤해질 테니까.
B 내 마음은 뭘 원하는지 잘 알고 있어. 난 내 마음을 따라갈 거야.
C 둘 중 뭘 골라도 괜찮아. 중요한 건 내가 선택했다는 점이니까.
D 아, 도저히 못 정하겠어. 선택은 정말 어려워.

2

비 오는 토요일에 집에만 있어야 한다면,
어떤 기분일 것 같니?

A 지루하고 짜증 나.
B 이참에 물건 정리나 좀 해야겠다고 생각해.
C 편안하고 좋을 것 같아.
   누워서 몇 시간이고 딴생각할 것 같아.
D 읽을 책이나 해야 할 숙제가 있다면 괜찮을 것 같아.
   하지만 없다면 너무 지루할 거야.

3

친한 친구의 어떤 점이 제일 좋니?

A 전적으로 믿을 수 있어서 좋아. 그 친구 옆에서는 꾸미지 않아도 돼.
B 똑똑하고 여러 일에 흥미가 많다는 점이 좋아.
C 나를 이해해 주고 내 감정을 잘 돌봐 줘서 좋아.
D 자기 생각을 확실히 표현하고, 같이 놀면 무척 재밌어서 좋아.

4

어울리기 가장 힘든 친구는?

A 뭐든 제멋대로 하려는 친구
B 잘난척쟁이
C 너무 예민한 친구
D 외골수

5

좋아하는 영화는?

A 볼 때마다 눈물 나는 로맨틱 드라마
B 유쾌한 코미디 드라마
C 다큐멘터리나 실화를 바탕으로 한 영화
D 박진감 넘치는 스릴러나 액션 영화

❻

교복 착용에 대해 어떻게 생각해?

A 찬성이야. 비싼 옷 없다고 주눅 들 필요가 없잖아.

B 으아, 진짜 싫어. 교복 입으면 다 똑같아 보이잖아.

C 안 좋아해. 옷을 통해 나 자신을 표현할 수가 없잖아.

D 아주 엄격하게 통제하는 게 아니라면, 규칙을 지키는 것도 괜찮아.

❼

제일 친근하게 느껴지는 동물은?

A 돌고래

B 올빼미

C 사자

D 곰

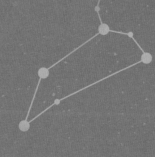

❽

친한 친구가 나를 찾아 파티장에 왔어.
나는 무얼 하고 있는 중이었을까?

A 파티장 한가운데에서 춤추며 신나게 놀고 있을 거야.

B 한두 명과 깊은 대화를 나누고 있을 것 같아.

C 모두와 함께 즐길 게임을 준비하고 있겠지.

D 어색해하며 사람들 주변을 서성이고 있을 거야.

❾

제일 좋아하는 계절은?

A 봄

B 여름

C 가을

D 겨울

❿

최근에 친구에게 '미안하다'고 사과한 상황을 떠올려 봐.
왜 사과했었니?

A 마음속 생각을 그대로 말하는 바람에, 친구 마음이 상했어.

B 친구가 도와 달라는 뜻을 비쳤는데 알아차리질 못했어.
   거절당했다고 생각하더라고.

C 친구 얘길 귀담아듣지 않아서. 내가 이래라저래라 한다고 느꼈대.

D 누가 친구 험담하는 걸 알고 있었는데 친구에게 얘기해 주질
   않았어. 난 걔를 속상하게 하고 싶지 않았던 것뿐인데.

풀이는 18쪽에

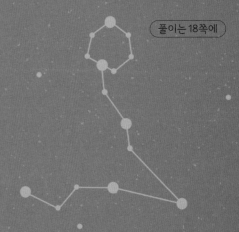

풀이

나는 흙, 불, 물, 공기 중 어떤 유형에 속할까?
아래 풀이를 보고 나의 유형을 찾아보자.

❶ A 흙
   B 물
   C 불
   D 공기

❹ A 흙
   B 불
   C 물
   D 공기

❼ A 물
   B 공기
   C 불
   D 흙

❿ A 불
   B 공기
   C 흙
   D 물

❷ A 불
   B 흙
   C 물
   D 공기

❺ A 물
   B 흙
   C 공기
   D 불

❽ A 불
   B 공기
   C 흙
   D 물

❸ A 흙
   B 공기
   C 물
   D 불

❻ A 공기
   B 불
   C 물
   D 흙

❾ A 불
   B 물
   C 공기
   D 흙

흙

염소자리, 황소자리, 처녀자리

자기 방식대로 일을 마무리하려는 사람이다. 주변이 잘
정돈되어 있고 엄격하고 실용적이다. 주변 사람들이 항상 믿고
의지하지만, 정작 본인은 완벽주의자이기 때문에 자신이 한
일에 만족하지 못한다. 다정하고 충실한 친구이지만, 때로는
다른 사람의 생각을 이해할 수 없어 고민할 때도 많다.

공기

천칭자리, 물병자리, 쌍둥이자리

'가슴'보다 '머리'가 앞서는 사람이다. 세상을 논리적으로
바라보고 새로운 걸 배우길 즐긴다. 결심하기까지 시간이 오래
걸리는 편이지만, 일단 시작하면 일을 빨리 처리하고 싶어
전전긍긍한다. 가끔 생각이 엉켜 길을 잃기도 한다. 하지만
대체로 즐겁게 대화를 나눌 수 있는 훌륭한 이야기꾼이다.

물

게자리, 전갈자리, 물고기자리

언제나 많은 감정을 느끼는 사람이다. 다른 사람과 세계에
깊은 관심을 보이고, 나쁜 일이 생기면 쉽게 분노한다.
창의적이고 상상력이 뛰어나며, 직관을 믿는 편이다.
친절하고 사랑스러운 사람이지만, 무척 감성적이어서 때로는
사람들이 자신을 좋아하지 않을까 봐 걱정한다.

불

양자리, 사자자리, 사수자리

어딜 가나 중심이 되는 사람이다. 타고난 예능인이며, 에너지와
매력이 넘친다. 사람들의 관심이 집중되는 것을 즐긴다. 야심이
크고 직설적으로 생각을 말하기 때문에, 감성적인 사람들은
이런 면을 힘들어한다. 원하는 바는 꼭 이뤄야 하고, 원치 않는
일에 대해서는 싫다고 분명하게 표현하는 사람이다.

음식 심리 테스트 나는 어떤 음식과 닮았을까?

이 장에서 묻는 것은 가장 좋아하는 음식이 아니다.
나의 마음을 살펴보고 나와 가장 닮은 음식을 찾아보자.

❶

들어가고 싶은 방과 후 스포츠 모임은?

A 축구팀에 들어갈래. 친구가 거기 있고,
  팀으로 하는 운동이 좋아.
B 꼭 해야 해? 그럼 체스로 할게. 앉아서 할 수 있으니까.
C 하나만 고르라고? 난 스포츠는 다 좋은데.
D 럭비. 활동적인 운동이 좋거든.

❷

하고 싶은 생일 파티는?

A 집에서 가족들과 축하하고 싶어.
B 동네 식당에서 친구들과 편안하게 저녁을 먹고 싶어.
C 방 탈출이나 서바이벌 게임!
D 요란한 건 싫어. 그냥 슬쩍 넘어가면 좋겠어.

❸

아침에 일어나서 제일 먼저 하는 일은?

A 이불 속으로 더 파고들어. 폭신한 느낌이 너무 좋아.
B 끙끙거리며 알람을 다시 맞춰.
C 벌떡 일어나 하루를 맞이해.
D 이런 날도 저런 날도 있어. 날마다 달라.

❹

텔레비전을 보면서 동시에 하는 일은?

A 만들기를 많이 해. 특히 카드.
B 친구에게 문자를 보내.
C 컬러링 북에 근사한 무늬를 그려 넣어.
D 숙제해. 난 멀티태스킹 천재거든.

A가 제일 많으면 = 따뜻한 스튜

따스한 사람. 아늑한 분위기, 타인과
어울리는 시간을 사랑한다. 사람들이
침울할 때, 안전하고 포근하다는
느낌을 받도록 돕는다.

C가 제일 많으면 = 샐러드

다채롭고 신선하고 에너지 넘치는 사람.
긍정적인 태도로 사람들의 기분을 밝게
만들어 준다. 환하고 창조적인 분위기를
가지고 있으며, 최고가 되기 위한
모험을 두려워하지 않는다.

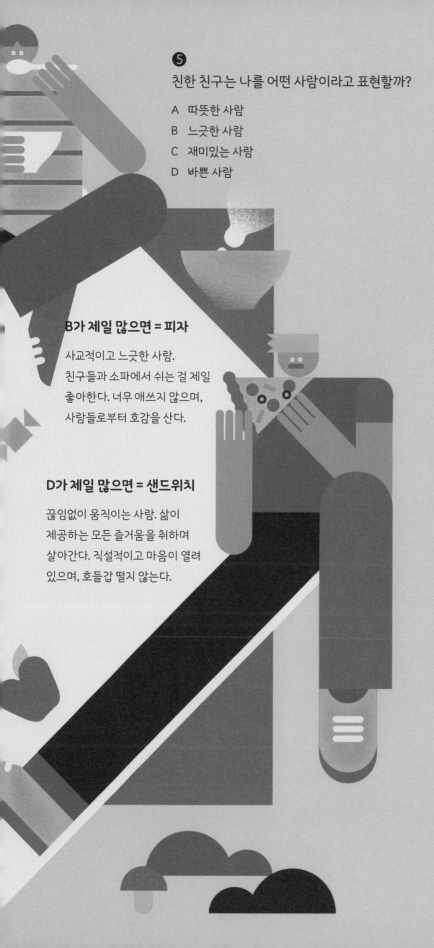

❺
친한 친구는 나를 어떤 사람이라고 표현할까?

A 따뜻한 사람
B 느긋한 사람
C 재미있는 사람
D 바쁜 사람

B가 제일 많으면 = 피자

사교적이고 느긋한 사람.
친구들과 소파에서 쉬는 걸 제일
좋아한다. 너무 애쓰지 않으며,
사람들로부터 호감을 산다.

D가 제일 많으면 = 샌드위치

끊임없이 움직이는 사람. 삶이
제공하는 모든 즐거움을 취하며
살아간다. 직설적이고 마음이 열려
있으며, 호들갑 떨지 않는다.

❻
들었을 때 기분이 가장 나쁜 말은?

A 너는 불친절한 사람이야.
B 너는 꽉 막힌 사람이야.
C 너는 게으른 사람이야.
D 너는 오만한 사람이야.

❼
어릴 때 제일 좋아하던 장난감은?

A 낡고 북슬북슬한 테디 베어
B 무전기. 하나는 내 것, 하나는 옆집 친구 것.
C 알록달록한 쌓기 블록
D 세발자전거

❽
가장 좋아하는 음악은?

A 달콤하고 느린 사랑 노래
B 친구와 같이 부를 수 있는 대중가요
C 춤출 수 있는, 빠른 비트의 일렉트로닉 힙합
D 모든 음악. 하나만 고를 수가 없어.

❾
부모님이 복권에 당첨되면, 뭘 해 달라고 하고 싶니?

A 반려동물을 기르고 싶어. 잘 돌봐 줄 자신이 있어!
B 친구들을 모두 불러 근사한 파티를 즐길래.
C 바닷가로 휴가를 떠나고 싶어.
D 최신형 자전거를 선물받고 싶어.

❿
제일 좋아하는 모자는?

A 울로 짠 비니
B 야구 모자
C 밀짚모자
D 테 있는 벙거지

성격 유형을 나누는 방법

우리 모두는 스스로를 매우 특별한 존재로 여긴다.
하지만 어떤 심리학자들은 사람의 성격을 '유형'으로 분류할 수 있다고 생각한다.
성격 유형은 사람들이 세상을 이해하고 소통하는 다양한 방식에 기초한다.

칼 융의 성격 유형 이론

칼 융은 스위스의 유명한 심리학자이다. 100년 전 발간된 융의 저서 『심리 유형』(1921년)은 오늘날까지도 성격 담론에 여전히 큰 영향을 미치고 있다.

융은 사람의 성격을 규정할 때 '외향형'과 '내향형'이라는 기준을 아주 중요하게 생각했다. 외향형과 내향형은 정확히 무슨 뜻일까? 아래 설명을 읽으며, 나와 잘 맞는 성격 유형을 찾아보자.

내향형(I=introverted) 혼자 시간 보내기를 좋아한다. 사람들과, 특히 많은 사람들과 어울리면 쉽게 피곤해진다. 섬세한 편이며, 어떤 일이나 감정에 압도되면 평화롭고 조용한 곳으로 피신하고 싶어진다.

외향형(E=Extroverted) 다른 사람들과 어울리며 에너지를 얻는다. 그룹의 일원으로 활동하는 것을 좋아한다. 쉽게 흥분하는 편이다. 밖으로 나다니며 세상에 적극적으로 참여한다는 느낌을 즐긴다.

그러나 융이 두 가지 성격 유형만을 제시한 것은 아니다. 외향적, 내향적 태도가 있는 동시에, 세계를 받아들일 때 각자 선호하는 방식이 있다고 보았다. 바로 감각형, 직관형, 감정형, 그리고 사고형이다.

감각형(S=Sensing) 세상을 주의 깊게 살피고 사실에 집중하는 편이다. 사물을 최대한 명확하고 간결하게 보려고 애쓴다.

직관형(N=Intuiting) 생각을 시작할 때 사실을 활용하긴 하지만, 나만의 방식으로 사실을 해석하고 연결하면서 현상을 이해하는 편이다.

감정형(F=Feeling) 결정을 내릴 때 사람들에게 미칠 영향을 우선하는 편이다. 나와 사람들의 행복이 무엇보다 중요하기 때문이다.

사고형(T=Thinking) 논리에 기반해 결정을 내리는 사람이다. 자신과 사람들이 행복한 것보다 옳고 그름이 더 중요하다.

융은 이 네 가지 지표를 '감각형과 직관형', '감정형과 사고형'의 두 쌍으로 묶었다. 그리고 상황에 따라 다른 모습을 보이기도 하지만, 사람마다 각 쌍에서 유난히 두드러지는 특성이 있다고 믿었다. 이리하여 융은 총 여덟 가지 성격 유형을 제시했다.

마이어 브릭스의 유형 지표(MBTI)

융이 제시한 여덟 가지 성격 유형보다 더 나은 검사 방법이 있을까? 열여섯 가지 성격 유형은 어떨까? 융의 성격 유형을 기반으로 한 마이어 브릭스 유형 지표는, 오늘날 가장 유명하고 전세계적으로 많이 사용되는 성격 검사이다.

캐서린 쿡 브릭스와 딸 이사벨 브릭스 마이어스는, 구조화된 성격 검사에 융의 아이디어를 차용했다. 이 성격 검사는 심리학자와 대화하는 것이 아니라, 피검자가 직접 문항에 답을 하는 방식이다. 두 사람은 '판단형(Judging)'과 인식형(Perceiving)'이라는 지표를 추가했다. 이는 어떤 사람이 계획적이고 엄격한 것을 선호하는지, 혹은 개방적이고 유연한 것을 선호하는지를 진단하도록 돕는다.

성격 검사의 결과는 각 성격 유형을 뜻하는 영단어의 앞 글자를 딴 알파벳 네 글자로 표시한다. 예를 들어 ESFP는 외향형, 감각형, 감정형, 인식형의 사람이다. '가장 좋은' 또는 '가장 나쁜' 유형 같은 것은 없다. 가장 드문 유형은 계획적이고 복잡하며 창의적인 INFJ 유형이라고 알려져 있다.

인사이트 디스커버리

인사이트 디스커버리는 융의 아이디어에 기반한 현대식 성격 검사 중 하나이다. 이 검사는 피검자가 직접 문항에 답하는 방식을 취하며, 일터에서 특히 많이 활용되고 있다. 네 가지 성격 유형으로 나뉘며, 각각은 빨강, 파랑, 초록, 노랑의 색상과 연관된다.

모든 사람은 여러 색상의 혼합으로 이뤄지지만 지배적인 색상이 있으며, 각 색에는 고유한 힘과 약점이 있다고 설명한다. 이 성격 검사의 목표는 일터에서 협업을 잘할 수 있도록 리더에게 도움을 주는 것이다. 팀원들이 업무를 더 잘할 수 있게 만드는 방법, 원만한 관계 맺는 방법, 업무에 대한 동기 부여 방법 등을 일러 준다.

성격 유형 테스트 1 동물

융의 성격 유형론에 기반한 MBTI 혹은 다른 검사들처럼, 주어진 문제를 풀고
네 가지 지표의 점수를 확인해 알파벳 네 글자로 이뤄진 성격 유형을 알아보자.

26~27쪽의 테스트를 거친 뒤, 30쪽에서 풀이를 확인하고 네 글자 코드로 변환해서 보자.
그리고 코드에 맞는 동물을 찾아 성격 유형을 살펴보면 된다.
나는 충실한 곰일까, 자유로운 수달일까, 아니면 꾀 많은 까마귀일까?

문어(ISTO) 실험하고 답을 찾아가는 과정을 무척 좋아한다. 게다가 무엇이든 척척 해내는 재주가 있다.

벌새(ISFO) 새로운 것을 찾아 쏜살같이 달려간다. 그리고 '할 수 있어!'라는 긍정적 태도 때문에 많은 사람들에게 사랑받는다.

늑대(ESTO) 모험적인 삶을 좋아하고, 주변의 모든 것에 촉각을 곤두세우고 있다. 바로 행동으로 옮길 만큼 생각도 빠르다.

하이에나(ESFO) 함께 있으면 지루할 틈이 없는 사람이다. 모든 일에 적극적으로 임하며, 다른 사람을 즐겁게 만드는 것을 좋아한다.

코끼리(ISTC) 책임과 의무를 잊지 않는 사람이다. 감정이나 일시적인 기분보다는 변치 않는 사실을 따른다.

곰(ISFC) 사랑하는 사람에게 누구보다 충실하고 따뜻하고 다정한 사람이다. 소중한 사람을 지키기 위해서 한발 앞으로 나설 줄도 안다.

개미(ESTC) 일을 끝까지 해내는 사람으로 유명하다. 좋은 결과를 내기 위해 필요한 사람과 물건을 준비할 줄 안다.

개(ESFC) 친근하고 사회성이 뛰어나며 늘 남을 도울 준비가 되어 있다. 어딜 가나 인기가 많다.

올빼미(INFC) 나이를 초월하는 지혜를 갖춘 사람이다. 이 지혜로 다른 이에게 영감을 주고, 세상에 선한 영향력을 끼친다.

돌고래(INFO) 언제든 다른 이를 도울 준비가 되어 있다. 다정한 태도와 삶에 대한 열정이 있어 주변 사람들을 행복하게 만든다.

호랑이(ENFC) 자신감과 매력이 넘쳐 언제 어디서나 빛나는 존재이다. 사람들이 이야기를 듣고 싶어 몰려든다.

수달(ENFO) 재미를 추구하는 자유로운 영혼이다. 창조적이고 다른 이들과 깊이 있는 시간을 보내고 싶어 한다.

원숭이(ENTO) 세상에 대해 궁금한 것투성이인 호기심 많은 사람이다. 자기 지능을 시험할 만한 도전을 무척 사랑한다.

사자(ENTC) 타고난 지도자. 자신감이 넘치고 두려움이 없어 무슨 일이든 잘 헤쳐 나간다.

까마귀(INTO) 배우고 문제 푸는 것을 매우 좋아한다. 새로운 것을 발명하고 문제를 해결하기 위해 창조적으로 머리를 쓸 줄 안다.

다람쥐(INTC) 똑똑하고 열심히 일하는 사람이다. 항상 앞서 생각하고, 주어진 시간 내 행동에 옮길 수 있도록 계획을 짠다.

아래 질문에 대해 참인지 거짓인지 답해 보자. 나를 가장 잘 표현해 줄 동물 유형을 알 수 있다.
이 검사는 직관적인 답을 요구한다. 그러니 너무 오래 생각할 필요는 없다.
무엇보다 틀린 답은 없다는 점을 꼭 기억하자.

❶ 역사 수업에서 배우는 사건의 날짜를
기억하려면, 당시 무슨 일이 있었는지
전체적인 상황을 알아야 도움이 된다.

참 ○ 거짓 ○

❷ 친구와 함께 있을 때, 말하기보다는
듣는 편이다.

참 ○ 거짓 ○

❸ 친구가 새로 한 머리가
어떠냐고 물어봤을 때,
마음에 들지 않아도
괜찮다고 말해 준다.

참 ○ 거짓 ○

❹ 수업 시간에 계속 정답을 맞히는
나에게 친구가 '로봇'이라고
부른다면, 기분이 나쁠 것 같다.

참 ○ 거짓 ○

❺ 계획표 짜기, 계획 수정하기
같은 것을 좋아한다.

참 ○ 거짓 ○

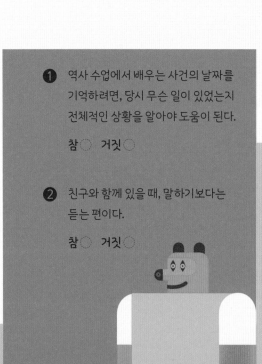

⑥ 혼자 시간을 보내면 지루하고 따분하다.

참 ○ 거짓 ○

⑦ 주말에는 친구와 함께할 계획을 미리 짜기보다는, 당일에 내가 하고 싶은 것을 결정하는 편이 좋다.

참 ○ 거짓 ○

⑧ 서술형 시험보다는 오지선다형 객관식 시험이 더 낫다.

참 ○ 거짓 ○

⑨ 조별 과제를 할 때 높은 점수를 받는 불친절한 사람보다 친절한 사람과 같은 조가 되는 것이 좋다.

참 ○ 거짓 ○

⑩ 파티에 가면 살아 있는 느낌이 들고 에너지를 충전한다.

참 ○ 거짓 ○

⑪ 친구 둘이 싸우고 있는데 무슨 일 때문인지 정확히 알지 못하는 상황이다. 그래도 나는 누가 더 잘못했는지 의견이 분명한 편이다.

참 ○ 거짓 ○

⑫ 마지막 순간까지 숙제를 미루려 한다.

참 ○ 거짓 ○

풀이는 30쪽에

성격 유형 테스트 2 모양

가장 좋아하는 모양이 무엇인지 물어보는 검사는 아니다.
각 모양은 네 가지 성격 유형을 대변하는 것으로, 사람들의 각기 다른 행동 방식과 연관이 깊다.

❶

아무도 모르게 가장 해 보고 싶은 일은?

A 시험을 칠 때 커닝해서 점수를 잘 받고 싶어.
B 사람들이 나에 대해 뭐라고 말하는지 몰래 들어 보고 싶어.
C 조를 바꿀 거야. 자기 멋대로 하거나 불친절한 애와
　　같은 조 되기는 싫거든.
D 학교 대신 도서관에 가서 혼자 공부할래. 다른 애들의 멍청한
　　질문이나 행동을 참지 않아도 되니까.

❷

학교 수업 끝나고 나오는 길에 나는….

A 최대한 빨리 걷거나 뛰어나와. 누가 방해해서 멈춰야 하면
　　짜증이 나거든.
B 집에 가기 직전까지 최대한 오래 친구랑 수다를 떨어.
C 천천히 걸어 나오면서 친구들이랑 인사해.
D 고개 푹 숙이고 이어폰을 껴. 집에 가는 길에 누군가와
　　마주치지 않도록.

❸

친구가 나에 대해 말하는 걸 우연히 듣게 됐어. 가장
상처가 될 것 같은 말은?

A "걔는 자기가 엄청 대단하다고 생각하나 봐."
B "걔는 자기가 엄청 인기 있다고 생각하나 봐."
C "걔는 자기가 엄청 친절하다고 생각하나 봐."
D "걔는 자기가 엄청 똑똑하다고 생각하나 봐."

❹

반에 새로운 친구가 전학 오면, 어떤 느낌이 드니?

A 경쟁자가 늘었네. 얘가 나보다 공부를 잘하려나?
B 신난다! 제일 먼저 말 걸어 봐야지.
C 어색하지. 새 친구 사귀는 건 어려워. 살짝 웃고 인사만 할 거야.
D 관심 없어. 나랑 닮은 사람 아닌 이상 잘 어울리지 않는 편이야.

❺

하룻밤 사이 유튜브 스타가 되면, 어떤 생각이 들 것 같니?

A 드디어 내가 당연히 있어야 할 자리에 올랐어.
B 근사해! 새로운 팬들이 생기다니 너무 좋아. 그런데 악플 때문에
　　속상한 일이 생기면 어쩌지?
C 부담스러워. 내가 혹시 누군가를 화나게 하면 어쩌지?
D 희한하네. 사람들이 진짜 나를 좋아하는 걸까?

❻

달리기 경주를 하다 바로 앞사람이 넘어지면, 어떻게 할 것
같니?

A 속으로 '하나 제쳤다'라고 생각하고 빠르게 지나칠 거야.
B 나도 같이 넘어져서 사람들을 웃긴 다음, 일으켜 세워 줄 거야.
C 일단 멈춰서 도와준 다음 괜찮은지 물어볼 거야.
D 내가 상관할 바는 아니라고 생각해서 그냥 지나치거나 가볍게
　　놀릴 것 같아.

7

길 건너 약간 큰 집으로 이사 가면, 어떤 느낌이 들까?

A 좋아. 변화는 좋은 거야. 더 커지고 더 나아지는 한 말야.

B 원래 이웃들을 떠나야 해서 슬프겠지만, 새로운 이웃을 만날 생각에 신나기도 해.

C 이사하느라 모두 스트레스 받았을 것 같아 걱정돼. 그리고 나라도 걱정시키지 않게 웃고 있을 것 같아.

D 귀찮아. 이사를 왜 가나 몰라. 집도 거의 비슷하고 동네도 같은데 굳이 옮길 이유가 있을까?

8

친구가 소셜 미디어에 내 우스꽝스러운 사진을 올리면, 어떨 것 같니?

A 화가 나겠지. 어떻게 감히! 날 질투해서 이런 식으로 골탕 먹이는 거라고 생각할 것 같아.

B 사람들이 날 재밌다고 생각할 테니 기분 좋을 것 같아.

C 별로일 것 같아. 나는 그런 사진 올릴 때 미리 물어보거든. 하지만 그냥 둘래. 친구한테 따지고 싶지는 않아.

D 짜증이 나고 당황스럽겠지. 하지만 사람들은 이런 생각 없는 행동을 워낙 자주 하잖아.

9

친구가 다른 사람들에게 너도 함께 겪었던 일을 부풀려서 이야기한다면, 어떻게 할 것 같니?

A 이야기 지어낸다고 콕 집은 후, 진실을 들려줘야지.

B 웃으면서 끼어든 다음, 더 재미있게 부풀려서 말해 줄 거야.

C 일단 같이 웃을 것 같아. 그리고 만약 이야기 지어내지 말라고 누가 공격하면, 친구 편을 들 거야.

D 나가 있을래. 왁자지껄하거나 서로 잘났다고 으스대는 건 정말 최악이야.

10

보고 싶은 텔레비전 프로그램은?

A 경쟁이 심한 오디션 프로그램

B 친구들이 등장하는 재미있는 코미디 프로그램

C 사람들이 함께 일하는 모습을 담은 다큐멘터리

D 길고 어려운 퀴즈 쇼

풀이는 31쪽에

풀이

나는 어떤 성격 유형인지, 어떤 동물이 나와 닮았는지 알아보자.

성격 유형 테스트 1: 동물

22~23쪽에서 설명한 융의 성격 유형에는 절제형과 개방형이 포함되어
있지 않지만, 이 테스트에는 '통제에 대한 태도'라는 지표가 추가되었다.
상황을 자유롭게 바라보고 개방적인 태도를 취하는지, 보다 절제된 삶을
추구하는지를 볼 수 있다. 최근 많은 심리학자들은 성격을 이해할 때
이 또한 중요한 지표라고 생각한다.
각 지표마다 세 개의 문제가 주어져 있어 어느 쪽이 더 우세한지 쉽게 알 수 있다.
각 지표에 해당되는 선택지는 아래와 같다.

내향형(I)　　감각형(S)　　사고형(T)　　절제형(C)

외향형(E)　　직관형(N)　　감정형(F)　　개방형(O)

참과 거짓 중 내가 선택한 답에 해당하는 알파벳을 찾아 적은 다음,
각 알파벳이 몇 개씩 나왔는지 더해 보자. 개수가 가장 많은 순서대로 뽑은
네 개의 알파벳 조합이 나의 성격 유형 코드이다.

❶　참 = N　거짓 = S　　　❼　참 = O　거짓 = C
❷　참 = I　거짓 = E　　　❽　참 = S　거짓 = N
❸　참 = F　거짓 = T　　　❾　참 = F　거짓 = T
❹　참 = F　거짓 = T　　　❿　참 = E　거짓 = I
❺　참 = C　거짓 = O　　　⓫　참 = N　거짓 = S
❻　참 = E　거짓 = I　　　⓬　참 = O　거짓 = C

나의 성격 유형 코드는 무엇인가? 스스로 느끼는 자신의 모습과 비슷한가? 이제
24-25쪽으로 돌아가 나와 닮은 동물이 무엇인지 살펴보자.

성격 유형 테스트 2: 모양

뾰족한 삼각형, 부드러운 원, 빛나는 별, 똑 부러지는 사각형. 나는 어떤 모양과 닮았는지 살펴보자.

A가 많으면 = 삼각형

삼각형 유형은 자신이 원하는 바를 잘 알고 열심히 추구한다. 어떤 시련이 있어도 목표를 향해 나아간다. 다만 무슨 일이든 경쟁적으로 임하기 때문에, 친구가 떨어져 나가기도 한다. 하지만 자기표현이 분명하고 성공하기 위해 노력한다는 점에서, 사람들의 존경을 받는다.

C가 많으면 = 원

원 유형은 모두가 행복하고 잘 어울리기를 바라는 부드러운 영혼의 사람이다. 세상 모든 일이 공정하기를 바라며, 경쟁보다는 협력을 추구한다. 부정적이고 거만해 보이는 것을 두려워하며, 자기표현을 할 때보다 타인을 돌볼 때 편안해한다.

B가 많으면 = 별

별 유형은 유쾌하고 시끌벅적하며 주목받기를 즐긴다. 많은 사람들과 어울릴 때 행복해하고, 즐거운 분위기 만드는 것을 좋아한다. 또한 다른 사람의 생각에도 신경을 많이 쓴다. 누군가, 심지어 모르는 사람이라도 자신을 좋아하지 않는다고 생각되면 무척 속상해한다.

D가 많으면 = 사각형

사각형 유형은 모든 일이 옳은 방식으로 굴러가기를 바란다. 규칙, 순서, 체계를 중요하게 여기며, 사람들이 이를 지키지 않을 시 매우 불편해한다. 차갑고 비판적으로 보이기도 하지만, 정직하고 최선을 다하기에 기댈 수 있는 사람이다.

성격 특성을 나누는 방법

오늘날 많은 심리학자들은 성격 유형 이론보다 성격 특성 이론을 선호한다.
두 이론 모두 '사람들이 사고하고 행동하는 방법'을 검사한 후, 답변에 근거해 성격을 판단한다.
두 이론의 차이는 무엇일까?

대략적으로 설명하면, 성격 유형 이론은 사람을 이쪽 상자 혹은 저쪽 상자에 넣는 체계이다. 예를 들어, 어떤 사람을 외향형이나 내향형 둘 중 하나로 규정하는 것이다. 반면 성격 특성 이론은 이분법적인 분류 대신 차등 지표로 성격을 표시한다. 아주 심한 내향형이나 외향형의 사람도 있지만, 대부분의 사람들은 두 성향을 다 가지고 있어 중간 어디쯤 위치한다.

그래서 성격 특성 이론은 개인성을 보다 강조한다. 이미 규정된 몇 개의 유형 속에 사람을 가둘 필요가 없기 때문이다. 성격 유형 역시 몇몇 특성의 다양한 조합에 기초하고 있지만, 사람마다 각 특성을 얼마나 강하게 가졌는지는 고려하지 않는다. 한쪽으로 치우친 사람들도 있지만 한 끗 차이로 '외향형', '내향형'으로 갈릴 수도 있다는 의미이다.

다섯 가지 성격 특성 요소

그러면 어떤 성격 특성을 통해 전체적인 성격을 파악할 수 있을까? 제일 널리 알려진 방법은 다섯 가지 성격 특성 요소를 이용하는 것이다. 다섯 가지 요소는 바로 친화성(Agreeableness), 신경성(Neuroticism), 성실성(Conscientiousness), 외향성(Extroversion), 개방성(Openness)이다. 다섯 가지 요소의 영문명 첫 글자를 따서 OCEAN, CANOE 모델이라고도 부른다.

다섯 가지 성격 특성 요소 각각은 관련된 습관, 경향, 사고방식의 광범위한 집합이다. 예를 들어 성실성이 높은 사람이라면 시간을 잘 지키고 체계적이며, 일을 열심히 하고 깔끔하고 자기 관리를 잘하는 경향이 크다. 심리학자들은 다섯 가지 성격 특성 내에서도 세분화된 하위 특성을 더 정확하게 검사하기 위해, 긴 질문을 사용하기도 한다. 한 사람의 결과를 아주 세밀하게 쪼개어 보면, 성실성은 무척 높은데 방은 무척 지저분한 사람들도 있다. 이는 체계적이고 믿음직스러운 측면의 점수가 워낙 높아, 정리 정돈 측면의 낮은 점수를 상쇄한 것일 수 있다.

다섯 가지 성격 특성 요소의 양극단을 한번 살펴보자. 나는 대략 어느 쪽에 가까울까?

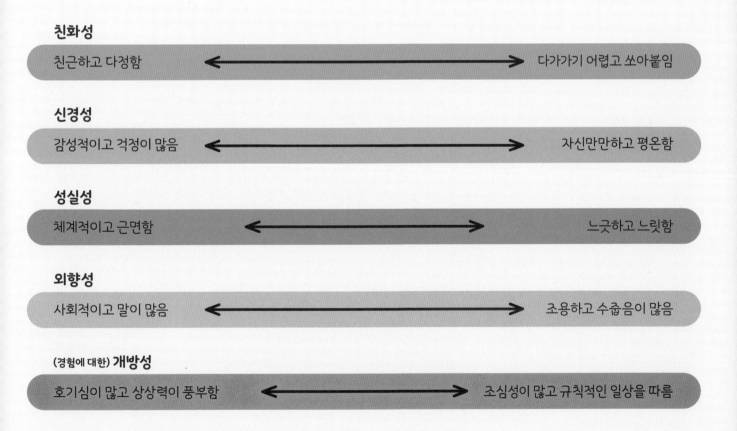

친화성

친근하고 다정함 ⟷ 다가가기 어렵고 쏘아붙임

신경성

감성적이고 걱정이 많음 ⟷ 자신만만하고 평온함

성실성

체계적이고 근면함 ⟷ 느긋하고 느릿함

외향성

사회적이고 말이 많음 ⟷ 조용하고 수줍음이 많음

(경험에 대한) 개방성

호기심이 많고 상상력이 풍부함 ⟷ 조심성이 많고 규칙적인 일상을 따름

성격 특성 테스트

친화성, 신경성, 성실성, 외향성, 개방성의 다섯 가지 성격 특성 요소로
성격을 검사해 보자.

질문마다 0점에서 5점 사이의 점수를 매기고,
순서에 맞게 점수를 적어 보자.
0점은 전혀 동의하지 않는다,
5점은 완전히 동의한다는 의미이다.

❶

많은 사람들 앞에서 이야기하거나 농담하는 걸 좋아해.
모두의 관심이 나에게 쏠리면 더더욱 좋지.

❷

텔레비전에서 다친 유기 동물을 위한 기부 독려 광고
같은 것을 보면 너무 슬프고 잔상도 오래 남아.

❸

이야기 떠올리는 걸 좋아해. 새로운 이야기
지어내는 건 그리 어려운 일이 아니야.

❹

학교에서 중요한 시험을 앞두고 있을 때도 크게 걱정하지
않아. 스트레스를 많이 받는 사람들이 좀 이상해 보여.

⑤
누가 집안일을 부탁하면 바로 해. 제대로 할 줄도 알고.

⑥
친구가 속상해하면 나도 속상해. 친구의
기분이 나아질 수 있다면 뭐든 도와주고 싶어.

⑦
친구들과 있을 때 말하기보다는 듣는 편이야.

⑧
물건을 자주 잃어버려. 제자리에 물건
정리하는 게 왜 이리 어려운지 모르겠어.

⑨
저녁 식사 초대를 받은 친구 집에서 낯선
음식이 나오면 선뜻 맛보기가 겁나.

⑩
빨리 가서 재미난 걸 하고 싶은데, 친구가 시무룩한
표정으로 계속 고민을 털어놓으면 짜증이 나.

풀이는 36쪽에

풀이

나는 얼마나 친화적이고 성실하고 신경성이고 외향적이고 개방적인 사람일까?

이 테스트는 다섯 가지 성격 특성 요소를 알 수 있는 문항들로 이루어져 있다.
특성 요소 하나당 두 문항이 주어진다. 각 특성의 총점을 내려면,
첫 번째 질문의 점수에서 두 번째 질문의 점수를 빼면 된다.
예를 들어, 문항 1번과 7번은 외향성 관련 질문이다.
1번 문항에 2점, 7번 문항에 5점을 매겼다면, 나의 외향성 총점은
2에서 5를 뺀 −3점이다.

외향성: 문항 1번, 7번　　　**신경성: 문항 2번, 4번**

개방성: 문항 3번, 9번　　　**성실성: 문항 5번, 8번**

친화성: 문항 6번, 10번

나의 점수는 몇 점일까? 내 예상과 비슷할까 다를까?

검사 결과

각 특성마다 대부분 −1, 0, 1점처럼 중간에 가까운 점수가 나올 가능성이 높다. 이런 점수가 나올 경우 그 특성은 균형이 잡혀 있다는 뜻이다. 예를 들어 외향성 점수가 1점 나왔다면, 내향성과 외향성이 다 있지만 외향성으로 약간 더 기울여져 있다는 의미이다. 각 특성마다 높고 낮은 점수가 무엇을 의미하는지 조금 더 살펴보자. 유난히 낮거나 높은 점수가 나왔다면, 이 특성이 나를 특별히 잘 설명하고 있는지 세밀히 살펴볼 필요가 있다.

친화성
낮은 점수(−5~−2점): 세상에서 제일 중요하게 여기는 건 바로 나 자신. 내가 원하는 건 절대 타협하지 않는다. 나의 길을 걷는 한 다른 사람들이 뭐라고 하든 신경 쓰지 않는다. 강한 의지는 살면서 큰 도움이 되지만 가끔 쌀쌀맞고 무례해 보일 수 있다. 그러니 다른 사람의 감정을 조금 더 고려할 필요가 있다.

높은 점수(2~5점): 다른 사람을 잘 돌봐 주고, 편안하고 친절하게 대한다. 그러다 보니 내가 원하는 것과 다른 방향으로 일이 흘러가는 경우도 많다. 세상에는 사려 깊고 믿을 만한 사람이 필요하지만, 나의 선한 마음을 악용하는 이기적인 사람도 있다는 걸 명심해야 한다.

신경성
낮은 점수(−5~−2점): 감정적으로 안정적인 사람. 변덕스럽게 굴거나 성질을 내는 경우가 드물다. 보통 사람들은 때때로 슬픔, 분노, 두려움을 느끼기 마련이다. 하지만 이 유형의 사람은 대개 평온함을 유지하고, 힘든 일이 닥치면 재빨리 한발 물러서는 편이다.

높은 점수(2~5점): 감정이 민감하고, 종종 울적하고 불안하며 화가 나기도 한다. 어떤 일에 대해 깊이 생각하고 강하게 반응하는 편이다. 감당할 수 없다고 느껴지면 꼭 도움을 청해야 한다. 나 혼자 모든 걸 해내리라 기대하는 사람은 없으니 말이다.

성실성

낮은 점수(-5~-2점): 느긋하고 미래를 고민하지 않는 편이다. 자기 자신 혹은 다른 사람의 일에 대해서도 심각하게 생각하는 편이 아니며, 계획이나 순서에 얽매이지도 않는다. 하지만 그런 점을 중요하게 생각하는 사람들도 있으니, 의도치 않게 그들을 화나게 하거나 상처 입힐 수 있다는 걸 염두에 두어야 한다.

높은 점수(2~5점): 언제나 계획을 세우고 지키려 애쓰는 사람. 믿음직스럽고 체계적이기에 사람들로부터 칭찬을 받는다. 또 일을 잘 해내다 보니 학교나 일터에서 좋은 결과를 낼 수 있다. 그러나 유연해지는 법을 배우고 때론 휴식을 취하는 것도 무척 중요하다.

외향성

낮은 점수(-5~-2점): 상당히 내향적인 사람이다. 적극적으로 행동하고 사람들과 어울려 수다 떨기보다는, 깊이 생각하고 혼자 있기를 선호한다. 속내를 잘 드러내지 않고 조용하지만, 그렇다고 사회성이 떨어진다거나 타인과 관계 맺기를 원하지 않는단 말은 아니다. 그저 그런 유의 활동에 에너지를 빼앗긴다는 의미이다.

높은 점수(2~5점): 외향적인 에너지가 넘쳐나는 사람. 파티에 가는 걸 좋아하며, 모두가 파티에 초대하고 싶어 하는 사람이다. 재미있고 유쾌하고 말도 유창하다. 하지만 어떤 사람들은 이런 자신감에 주눅 들기도 하니, 내향적인 사람과 함께 있을 때는 조심할 필요가 있다.

개방성

낮은 점수(-5~-2점): 언제 무슨 일이 생길지 정확히 알고 싶어 하며, 규칙적인 일상을 바꾸는 것을 싫어한다. 무언가를 생각할 때 매우 신중하고, 멀리 뻗어 가거나 새로운 일을 해 보는 걸 두려워한다. 자신을 너무 가두지 않도록, 또 나와 다르게 행동하는 사람들을 섣불리 판단하지 않도록 노력할 필요가 있다.

높은 점수(2~5점): 호기심이 많고 창조적이며 상상력도 풍부한 사람. 삶은 탐험이고 모험이라고 믿으며, 삶에서 누릴 수 있는 건 다 해 보고 싶어 한다. 때로 괴짜 소리를 듣지만, 다른 사람과 똑같이 생각하고 행동할 필요가 없다고 생각한다. 다른 사람들이 모두 나처럼 용감하지는 않으니, 보조를 맞추려는 노력이 필요하다.

결과 그래프 그려 보기

노트에 아래 그래프를 따라 그린 후, 각 특성의 점수를 표시하고 선으로 이어 보자.
선이 심한 지그재그 모양인가? 아니면 다섯 가지 요소의 점수가 비슷한가?
그래프에서 위나 아래로 유난히 치우치거나 도드라지는 요소가 있는가?

| 5 |
| 4 |
| 3 |
| 2 |
| 1 |
| 0 |
| 성실성   친화성   신경성   개방성   외향성 |
| -1 |
| -2 |
| -3 |
| -4 |
| -5 |

좌뇌형과 우뇌형

온라인에는 내가 '좌뇌형 인간'인지 '우뇌형 인간'인지를 알아보는 테스트가 넘쳐 난다. 이 테스트들을 하면 어느 쪽 뇌가 나의 생각, 학습, 행동에 더 많은 영향을 미치는지 알 수 있다고 한다.

좌뇌는 논리, 언어, 규칙, 순서 같은 이성적인 영역을 담당하는 것으로 알려져 있다. 반면 우뇌는 더 직관적인 영역을 담당한다. 창의적이고 충동적이며, 사실보다는 느낌에 기반해 결정을 내린다. 자유분방하고 예술적인 영혼의 사람이라면, 우뇌형 인간이라는 말을 많이 들었을 것이다. 반면 논리적이고 사실을 중시하며 자료에 의존해 일하는 사람이라면 좌뇌형 인간이라는 말을 많이 들었을 것이다.

문제는 이런 분류가 진실이 아니라는 점이다. 뇌의 각 영역은 다른 역할을 맡는다. 예를 들어 뇌의 앞부분은 냄새 맡기, 말하기와 연관되어 있다. 하지만 생각하는 방식을 단순히 좌뇌형-우뇌형으로 구분할 수는 없다.

'좌뇌형 인간', '우뇌형 인간'이라는 개념은 대중적이지만 미신에 가깝다. 많은 사람들이 믿지만 이를 뒷받침할 만한 과학적 근거는 없다.

사람들이 이 이론을 믿게 된 배경은 1800년대로 거슬러 올라간다. 의사들은 뇌의 일부에 심한 손상을 입은 사람들이 이전과 매우 다르게 행동한다는 점에 주목했다. 여기까지는 별 문제가 없다.

1960년대에 이르러 로저 스페리와 마이클 가자니가 두 사람은, 간질 발작을 멈추기 위해 뇌 수술을 받은 사람들을 대상으로 수차례 실험을 실시했다. 두 사람이 실험 대상으로 삼은 사람들은 모두 좌반구와 우반구를 연결하는 뇌들보를 잘라 내는 수술을 받은 이들이다.

이 환자들의 뇌는 완전히 두 영역으로 나뉘어 있다. 좌뇌와 우뇌는 더 이상 서로 정보를 주고받지 않는다.

스페리와 가자니가는 실험을 통해, 이 환자들의 뇌가 통합된 뇌와는 다른 방식으로 반응한다는 점을 발견했다. 양쪽 뇌가 각각 다른 역할을 수행한다는 것이다. 여기까지도 큰 문제 없이 맞는 말이다.

그러나 시간이 흐르면서, 뇌 과학에 대한 전문 지식이 없는 사람들이 뇌 기능과 관련된 내용을 심하게 단순화했고, 부정확한 정보에 기초해 성격 유형을 판단하는 비약을 저질렀다.

사실 인간의 뇌는 놀라울 정도로 복잡하다. 전문가들도 여전히, 뇌의 여러 영역이 함께 기능해 다양한 작업을 수행하는 방식을 완전히 이해하지 못한다. 하지만 뇌의 세계가 좌뇌와 우뇌라는 두 가지 진영으로 나뉘지 않는다는 점은 분명하다.

우리는 양쪽 뇌를 다 쓰는 사람들이다.

좌뇌형 우뇌형 테스트

앞서 살펴보았듯 '좌뇌형 인간', '우뇌형 인간'이라는 개념은 옳지 않다.

다음은 여러 가지 특성 중 어느 쪽을 더 많이 지녔는지 알아보는 테스트이다.

시각 자료가 있을 때 더 잘 배우고 기억하는가? 규칙을 지키는 편인가, 지키지 않는 편인가?

뇌를 총동원해서 내가 생각하고 배우는 방식을 발견해 보자.

❶

게임의 까다로운 구간 깨는 방법을 누군가 나에게
가르쳐 줄 때, 나에게 잘 맞는 방식은?

A   게임하는 걸 직접 보여 주는 방식
B   차례차례 말로 설명해 주는 방식

❷

친구가 가족들과 섬으로 여행을 가서 발이 묶였던
얘기를 들려줄 때, 내가 선호하는 이야기 전달 방식은?

A   중요한 사건 위주로 이야기하되 세부 설명을 약간
     덧붙이는 방식
B   듣는 내내 머릿속으로 그림이 그려질 정도로 자세히
     묘사하는 방식

❸

원하는 대로 방을 다시 꾸며도 된다면 부모님에게
어떤 방식으로 설명할 것 같니?

A   최대한 자세하게 말로 묘사해.
B   그림으로 그려서 보여 줘.

❹

우스꽝스러운 목소리와 표정, '사자로 국을 끓이면?
동물의 왕국!' 같은 농담. 둘 중 더 재미있는 것은?

A   농담 (괜찮은 농담이라면…)
B   웃긴 목소리와 표정

❺

새로운 친구가 전학 왔어. 자기소개를 했지만 대화는 나누지 못했다면 다음 수업 전까지 이 친구를 기억할 수 있을까?

A   이름은 까먹지만 얼굴은 기억할 것 같아.
B   얼굴은 까먹지만 이름은 기억할 것 같아.

❻

부모님이 이번 여름휴가는 기차 타고 가까운 곳으로 가서 캠핑을 할 거라고 했어. 그런데 집을 나설 때 사실은 깜짝 해외여행을 떠난다며 공항으로 간다는 거야. 이럴 때 너는 어떤 기분일 것 같니?

A   진짜 신날 것 같아. 깜짝 이벤트 정말 좋아하거든.
     모험을 떠나는 기분일 거야.
B   신날 것 같지는 않아. 미리 준비를 못해서 좀 걱정되고
     불안할 것 같아.

❼

'잔디를 밟지 마시오'라는 표지판이 눈앞에 있어. 이전에 생각해 본 적 없다가도 그 표지판을 보면 잔디를 밟고 싶어지니?

A   응, 당연하지.
B   아니, 규칙을 어기는 거잖아.

❽

이야기를 들려줄 때 표정을 짓거나 손짓 몸짓을 많이 하는 편이니?

A   손을 약간 움직이긴 하는데, 대부분 말로만 해.
B   응. 나는 내가 손짓 몸짓 하는지도 몰랐는데, 많이 한대.

❾

선생님 이야기 들을 때 손으로 끄적거리면 이야기를 이해하는 데 도움이 되니?

A   응. 그래서 선생님이 낙서하지 말라고 하면 짜증 나.
B   아니. 원래 낙서 잘 안 해. 지루하고 집중 안 될 때나 하지.

❿

주말에 부모님의 도움을 받아 베이킹을 하려고 해. 어떤 걸 만들고 싶니?

A   마시멜로우를 바삭하게 굽는 정도로 쉬운 것.
     레시피대로 하지 않아도 나만의 실험적인 맛과
     모양으로 완성시킬 수 있는 것.
B   다층 케이크처럼 만들기 쉽지 않은 것. 레시피대로
     정확히 만들지 않으면 완성시킬 수 없는 것.

풀이는 42쪽에

풀이

나는 '좌뇌형 인간'과 '우뇌형 인간' 중 어느 쪽에 더 가까운지,
또 검사의 진짜 의미는 무엇인지 살펴보자.
일단 '좌뇌형'과 '우뇌형' 중 어느 쪽을 더 많이 선택했는지 세어 보자.

❶ A 우뇌형
   B 좌뇌형

❷ A 우뇌형
   B 좌뇌형

❸ A 좌뇌형
   B 우뇌형

❹ A 좌뇌형
   B 우뇌형

❺ A 우뇌형
   B 좌뇌형

❻ A 우뇌형
   B 좌뇌형

❼ A 우뇌형
   B 좌뇌형

❽ A 좌뇌형
   B 우뇌형

❾ A 우뇌형
   B 좌뇌형

❿ A 우뇌형
   B 좌뇌형

결과

좌뇌형이 많이 나온 사람

규칙과 체계를 중시하는 사람. 자신의 마음과 세계 속 사물들이 명확하고 순서를 갖출 때 편안하게 느낀다. 글이나 말로 상세하게 설명해 줄 때 쉽게 배운다. 수학, 과학, 언어 영역에서 뛰어난 역량을 발휘한다. 목표 달성과 도전을 즐긴다. 하지만 때로는 쉴 줄도 알고, 나만의 길을 갈 수도 있어야 한다.

우뇌형이 많이 나온 사람

예술적이고 창의적인 사람. 규칙과 상식에 얽매이기를 거부한다. 언제나 경계를 넘을 준비가 되어 있다. 시각 자료를 활용해 배우는 것을 좋아한다. 몽상가적 기질이 있으며, 상상력도 풍부하다. 새로운 관심사에 정신이 팔리면, 주변 사람들이 무시당했다고 느낄 수도 있으니 주의해야 한다.

좌뇌형인지 우뇌형인지, 이게 중요할까?

좌뇌, 우뇌가 실제로 우리를 지배하는 것은 아니다. 하지만 사람들이 배우고, 타인과 소통하고, 규칙과 순서에 반응하는 방식이 다양한 것만은 사실이다. 어느 쪽을 선호한다고 더 좋거나 나쁜 것은 아니며, 한 사람이 한쪽 방식만 선호하는 것도 아니다.

별다른 과학적 근거 없이, 다른 태도와 행동 몇 가지를 '좌뇌형 인간', '우뇌형 인간'에 결부시키는 건 문제가 있다. 그러니 나의 최종 결과가 어느 쪽이든 결정적인 것은 아니다. 예를 들어 시각 자료로 익히는 것을 선호하면서도(우뇌형 특성) 규칙을 따를 때 마음이 편할 수도 있다(좌뇌형 특성).

좌뇌형 우뇌형 같은 용어에 갇히기보다는, 내가 선택한 답을 잘 살펴 자신의 특성과 미래에 어떤 도움을 받을 수 있을지 생각해 보는 게 중요하다. 그림 자료를 볼 때 익히는 속도가 빠르다면, 시각적 학습자일 가능성이 높다. 이런 사람들은 시험 공부할 때 그림으로 정리하면 도움이 된다. 자료를 시각화하고, 기억 속에서 재조립하는 식으로 말이다.

자신에 대해 더 잘 알게 되면 공부부터 친구 관계, 운동 훈련에 이르기까지, 내 성격과 사고방식에 꼭 맞게 다양한 일의 접근 방식을 조절할 수 있다. 뇌를 더 잘 사용하기 위해 필요한 기술인 셈이다.

성격을 밝히는 그밖의 방법들

사람을 규정하는 건 때로 쉽게 느껴진다. '스릴을 즐기는 스포츠광', '뚱한 얼굴의 투덜이', '자유로운 히피'….
하지만 사람은 늘 하나로 정의되는 것 이상의 면모를 가지고 있다.
성격은 생각하고 행동하는 다양한 방식이 모여 만들어진다.
연구자들은 성격 특성을 측정하기 위해 수많은 개인 검사를 해 왔다.
성격을 밝히는 데 도움이 될 만한 네 가지 영역을 소개한다.

얼마나 충동적인가?

바로 결정해서 일을 저지르는 편인가 혹은 모든 선택지를 신중하게 고려한 후 결정하는 편인가?
노트북이나 게임기같이 비싼 물건을 사기 위해 돈을 모으면서도, 편의점을 지날 때마다 간식을 사고 싶어 참을 수가 없는가?

배럿 충동성 검사(Barratt Impulsiveness Scale)는 어떤 사람이 얼마나 충동적인지를 측정하기 위해 1959년에 만들어졌다. 이 검사는 행동하기 전 얼마나 깊이 생각하는지 여부를 살핀다. 36년 후 최신화한 이 검사는, 다양한 일상생활 속 행동 방식을 묻는 문항들로 구성되어 있다.

충동성이 높은 사람들은 결과를 고민하지 않고 단숨에 결정하는 편이다. 반면 충동성이 낮은 사람들은 순간의 기분에 흔들리지 않고 심사숙고한다. 간식의 유혹을 잘 뿌리치고 더 많이 저축하는 사람은 어느 쪽일까?

얼마나 공감 능력이 있는가?

공감 능력은 다른 사람의 입장이 되어 상대의 기분을 이해하는 능력이다. 공감 능력이 높으면 상대의 생각, 느낌, 행동을 감지하고 어느 정도 예측할 수도 있다. 마음을 읽는 것과 비슷하다.

심리학자들은 '공감'이라는 개념을 크게 세 가지 즉, 타인의 감정을 이해하고, 알아차리며, 돌보는 것으로 나누어 설명한다. 사람들이 각각의 공감 능력을 반드시 동시에 발휘하는 것은 아니다.

오늘날에는 특별한 사고 과정이나 상황을 상세히 살피는 공감 능력 검사가 다수 개발되었다. 그중 기본 공감 척도(Basic Empathy Scale)는 전반적인 공감 능력 수준을 점검한다. 초기에는 어린이 청소년 대상의 검사였으나, 지금은 성인들도 받을 수 있다. 오늘날에는 타인과 소통하고 사회에서 어울려 살아가는 데 있어 공감 능력이 매우 중요한 것으로 손꼽힌다. 타인을 돌볼 줄 아는 능력이니, 당연한 말이다.

새로운 것에 열광하는가 두려워하는가?

나는 네오필리아(neophilia)와 네오포비아(neophobia) 중 어느 쪽인가? 처음 들어 보는 용어인가?

이는 새로운 물건과 경험에 대한 사람들의 태도를 묘사하기 위해 연구자들이 사용하는 용어이다. 연구자들은 이런 특성이 사람의 성격을 구성하는 데 중요한 요소라고 믿는다.

네오필리아는 새로운 것을 추구하는 욕구이고, 네오포비아는 새로운 것을 회피하는 욕구이다.

우리가 살고 있는 세상에서는 거대 산업이 새로운 상품을 쉼 없이 만들어 낸다. 옷, 가재도구, 장난감, 과자 들이 지구가 감당할 수 있는 속도보다 더 빠르게 그리고 많이 생산된다. 우리는 모두 네오필리아적인 사람이 되어 갈까? 아니면 지구와 우리 자신을 위해 스스로를 조절할 수 있게 될까?

걱정이 많은가?

어떤 사람들은 매사에 걱정이 많다. 반면 별 걱정 없이 느긋하게 지내는 사람들도 있다. 사람마다 왜 이렇게 다른 걸까?

단순히 대답하기는 어렵다. 그러나 통제할 수 없는 상황이나 다른 사람들이 나를 어떻게 생각하는지를 더 편안하게 받아들이는 사람들이 있다는 점은 분명하다. 사람들이 무엇을 얼마나 걱정하는지를 살피는 다양한 검사가 있다.

'불안'이라는 용어를 들어 보았을 것이다. 특정한 일 혹은 여러 상황에 대해 걱정이 심해진 마음 상태로, 건강과 자신감에 악영향을 미친다. 불안은 일상에서 흔하게 느끼는 감정이지만, 이는 성인들조차도 다루기가 매우 까다롭다. 그러니 불안감이 너무 심하다고 생각되면, 꼭 믿을 만한 어른에게 털어놓아야 한다.

45

충동성 테스트 배럿 충동성 검사

충동성이 높은 사람들은 결정을 빨리 내리기 때문에, 이 검사를 쉽게 마칠 수 있을 것이다.
가능하면 1~2초 안에 각 문항에 답해 보자.

❶

학교 선생님 말씀이 길어지면 의자에서 꼼지락거리는 편이니?

A 그럼, 항상.
B 어떨 때는.
C 별로 그런 적 없어.
D 전혀.

❷

그저 소리치고 싶어서 소리 지르거나 시끄럽게 군 적 있니?

A 그럼, 늘 그러지.
B 어쩌다 그러곤 해.
C 한두 번 그래 본 적 있어.
D 아니. 다른 사람들이 뭐라고 생각하겠어?

❸

더는 참을 수가 없어서 비밀을 털어놓은 적 있니?

A 아니. 말하지 말라고 부탁받은 비밀은 절대 털어놓지 않아.
B 안 그러려고 엄청 노력하지. 거의 그런 적 없어.
C 몇 번 그런 적 있어. 아주 큰 비밀일 때.
D 들은 건 거의 다 얘기하는 편이야. 참을 수가 없어.

❹

어른이 되어 갖고 싶은 직업이 있니? 그리고 얼마나 자주 그 마음이 바뀌니?

A 거의 매일 꿈이 바뀌는 것 같아. 새로운 걸 들을 때마다 말이야.
B 기분에 따라 몇 가지 사이를 왔다 갔다 해.
C 꼭 되고 싶은 게 있어. 하지만 가끔은 다른 직업을 가지면 어떨까 생각해 보곤 해.
D 바뀐 적 없어. 난 되고 싶은 게 명확하고 그걸 해낼 거니까.

❺

머릿속에서 수십 가지 생각들이 어지럽게 왔다 갔다 하는 것처럼 느껴지니?

A 아니, 전혀. 내 생각은 잘 통제되고 있는데.
B 별로 그렇지는 않아. 스트레스를 많이 받을 때만 빼고.
C 종종 그래. 그래도 생각을 가라앉히고 평화롭게 지내는 편이야.
D 늘 그래. 좀 지치기도 해.

❻

해야 할 집안일이 여러 가지가 있어. 어떤 순서로 할 것 같니?

A 하기 싫으면 하나도 안 할 거야. 만약 한다면, 내킬 때 하나씩 할래.
B 순서는 정하지 않고 되는대로 할 거야. 가끔은 먼저 시작한 일로 돌아가 마무리를 까먹기도 하겠지.
C 왠만하면 순서대로 할 것 같아. 하지만 제대로만 한다면 순서는 크게 중요하진 않아.
D 제일 효율적인 계획을 짠 후, 순서대로 하나씩 해 나갈 거야.

❼

영화가 재미없어도 보던 영화는 끝까지 보는 편이니?

A 당연하지. 난 중간에 끈 적은 없어.
B 영화가 너무 지루하다면, 그리고 혼자 보고 있었다면 중간에 그만 볼 수도. 하지만 대부분 끝까지 보는 편이야.
C 경우에 따라서. 다른 사람들과 함께 보고 있었다면 계속 볼 거고, 나 혼자라면 끌 것 같아.
D 당연히 끄지. 좋아하지도 않는 영화를 왜 계속 봐?

❽

10만원이 생긴다면 그 돈으로 뭘 할래?

A 바로 써야지. 다 쓸 때까지 뭐든 살 거야.

B 오랫동안 사고 싶었던 걸 살 거야. 그리고 돈이
   남으면 사소한 것들도 좀 사겠지.

C 뭔가를 사긴 사지만 최소 반 이상은 저금할 거야.
   늘 그래 왔으니까.

D 저축해야지. 별거 아닌 걸 사들이느라 돈을 다
   쓰는 건 정말 싫어. 진짜 살 만한 게 뭔지 오랫동안
   생각해 보고 마음을 정할 거야.

❾

규칙이 많고 복잡해서 한 판에 최소 몇 시간씩 걸리는
보드게임 하는 거 좋아하니?

A 악몽이야! 규칙을 지키려다 지루해져서 공상에 빠질 거고,
   복잡해서 금세 그만두고 싶어질 거야.

B 때로는. 진짜 딱 하고 싶은 기분일 때. 하지만 대부분 아마
   게임이 끝나기 전 그만두고 싶어질 것 같아.

C 재미가 없으면 영원히 게임 속에 갇힌 기분이 들 것 같아.
   하지만 다른 사람들이 계속하자고 하면 그냥 하겠지.

D 그럼, 진짜 좋아하지.

❿

집중해서 끝내야 하는 어려운 과제를 할 때, 자꾸
잡생각이 떠올라 집중하지 못하는 편이니?

A 아니. 한 번에 한 가지에 집중하는 건 쉬운 일이야. 한번
   집중하면 아예 다른 생각이 안 나.

B 때때로 그렇지. 하지만 무시하려고 애를 쓰면 곧 사라지더라고.

C 응. 무시하려고 노력은 하는데, 결국 딴생각에 빠져서
   한동안 숙제를 못 하곤 해.

D 계속 그래. 잡생각들을 쫓아 버리기가 불가능할 정도야.
   자꾸 딴생각에 빠져서 멈추고 다시 시작하기를 반복해.

풀이는 54쪽에

공감도 테스트 공감 척도 평가

나의 감정은 다른 사람들에게, 또 다른 사람들의 감정은 나에게 얼마나 영향을 미칠까?
각 문항을 읽고 얼마나 동의하는지 다음 네 가지 선택지 중 하나를 골라 답해 보자.

전혀 아니다   약간 아니다   약간 그렇다   매우 그렇다

❶
책, 영화, 텔레비전을 보다가 종종 운다.

❷
교실에서 친구에게 농담을 건넸을 때, 모두가 웃어도
당사자가 기분이 안 좋아 보이면 매우 후회된다.

❸
싸움을 벌인 두 친구가 교실에 남는 벌을 받게 되었다.
사실 한 친구가 일방적으로 괴롭히고 한 친구는 방어만
한 것뿐이라, 둘 다 벌을 받는 이 상황에 매우 화가 난다.

❹
친구가 내가 준 선물에 크게 기뻐한다면,
내가 선물을 받은 것보다 더 기쁘다.

❺
강아지에게 소리치거나 목줄을 거칠게 잡아당기는
사람을 보면 무척 화가 나고 속상하다.

❻
나 때문에 친구가 마음이 상한 것 같으면
걷잡을 수 없이 걱정이 된다.

❼
길거리에서 노숙자를 보면 마음이 슬퍼진다.

❽
사람들이 행복해하는 순간(예를 들면 반려견과
다시 만나는 장면 등)을 온라인에서 찾아 즐겨 본다.
보는 것만으로도 행복해지는 기분이 든다.

❾
소풍에 별 기대가 없었는데 반 친구들이 모두
기대하고 있다면, 나도 좀 더 기대하게 된다.

❿
다른 사람을 도와주거나 친절을 베푸는 사람을
보게 되면, 그와 친구가 되고 싶어진다.

풀이는 54쪽에

네오필리아 테스트
새로운 것에 대한 성향 검사

새로운 것을 추구하는 편인가,
아니면 익숙한 걸 고집하는 편인가?
이 테스트를 통해, 나는 새로운 사물과 경험을
얼마나 즐기는 편인지 알아보자.

❶

방과 후 수업을 골고루 다 들어 보고 그만두는 편이니,
아니면 몇 개를 골라 몇 년 간 계속 듣는 편이니?

A   몇 개만 골라 계속 들어.
B   많이 들어 보고, 많이 그만둬.

❷

계속 같은 책으로만 공부하면 지루하니? 아니면
한 책을 깊이 파고들 수 있어서 좋니?

A   너무너무 지루해.
B   한 책을 깊이 읽는 게 좋아.

❸

가끔 못되게 굴지만 재미있고 모험심 넘치는
친구가 좋니, 아니면 모든 일에 조심스럽지만
따뜻하고 충실한 친구가 좋니?

A   재미있고 모험심 넘치는 친구
B   따뜻하고 충실한 친구

❹

어떤 일이 너무 재미있어서 늦게까지 안 자고
하겠다고 부모님에게 떼써 본 적 있니?

A   아니. 난 침대에 누우면 아늑해서 너무 좋은걸.
B   그럼. 늘 그런걸.

❺

학교나 집에 갈 때, 시간이 더 오래 걸려도 재미 삼아
다른 길로 가 본 적 있니?

A   아니, 대체 왜?
B   물론이지. 항상 같은 길로 가면 재미없잖아.

❻

오늘이 너의 생일이라면, 어떤 하루를 보내고 싶니?

A 좋아하는 음식과 게임이 가득한 파티를 열어 친한 친구들과 놀고 싶어.
B 깜짝 생일 파티를 열거나, 한 번도 해 보지 않은 걸 해 보고 싶어.

❼

똑같은 노래를 반복해서 듣는 편이니, 아니면 몇 번 들으면
질려서 다른 노래로 넘어가는 편이니?

A 좋아하는 노래는 몇 번이라도 반복해서 들을 수 있어. 계속 좋거든.
B 많이 들으면 아무리 좋은 노래도 싫증 나.

❽

우리나라 말고 살아 보고 싶은 다른 나라가 있니?

A 여행은 하고 싶지만, 다른 나라에서 살고 싶지는 않아.
B 한번은 꼭 다른 나라에서 살아 보고 싶어. 세상은 넓고 갈 곳은 많잖아?

❾

어떤 사람이 담장 사이를 훌쩍 뛰어넘는 것처럼 재밌지만
위험해 보이는 일을 하면 따라 해 보고 싶어지니?

A 그럼. 가끔 해 보는 모험이야말로 삶의 즐거움이잖아.
B 아니. 다리가 부러지는 건 한 사람으로 족해.

❿

가지고 있는 옷이 싫증 나서 입을 게 하나도 없다는
생각이 들 때가 있니?

A 응. 그래서 늘 새 옷 사 달라고 부모님을 졸라.
B 아니. 좋아하는 옷만 계속 입는 편이야.
　　너무 낡았으니 버리라고 부모님이 말릴 정도야.

풀이는 55쪽에

불안도 테스트 걱정 정도 평가

걱정 없이 흘러가는 대로 사는 편인가, 혹은 뭔가 잘못될까 봐 불안해하며 사는 편인가?
이 테스트를 통해 나는 걱정을 얼마나 많이 하는 사람인지 점검해 보자.

❶

친구가 약간 쌀쌀맞거나 불퉁해 보이면, 내가 친구에게
뭘 잘못한 건 아닌지 걱정하게 되니?

A 맞아. 그럴 때는 어쩔 줄을 모르겠어.
B 그럴 때도 있어. 걱정이 되서 내가 뭘 잘못했는지 물어보고 싶어져.
C 별로. 그래도 내가 뭔가 화나게 한 일은 없는지 생각은 해 봐.
D 아니. 다른 일 때문일 거라고 생각하고 신경 안 써.

❷

시험을 앞두면 긴장해서 쉬거나 잠들기가 어렵니?

A 항상 그래. 준비를 많이 했는데도 말이야. 너무 떨리고,
   시험을 망칠까 봐 걱정이 많이 돼.
B 가끔 그렇지. 특히 어려운 과목 시험을 볼 때는.
C 공부를 많이 못 했을 때는 좀 걱정돼.
D 아니, 도대체 왜? 공부를 했든 못했든 빨리 해치우면 되지.

❸

교실에 들어서자 친구들이 이야기를 뚝 멈췄어.
이럴 때 '내 얘기하고 있었구나'라고 생각하니?

A 당연하지. 수업 시간 내내 그 생각만 할 것 같아.
B 아마도. 기분이 별로일 것 같아.
C 그럴 수도. 하지만 안 친한 애들이면 별 상관없어.
D 아니. 세상 모두가 나와 관련된 일일 리가 없잖아.
   그리고 걔들이 뭐라든 무슨 상관이야?

❹

자전거나 스케이트보드를 타고 묘기 부리는 걸 보면
무섭니, 아니면 신나니?

A 너무 무서워! 누가 다칠까 봐 제대로 쳐다보지도 못해.
B 좀 무섭지. 나는 절대 하지 않지만, 보는 건 좋아해.
C 신나. 나도 잘하고 싶은데 고급 기술들은 좀 무섭더라고.
D 완전 신나지. 나도 근사한 묘기들 다 하고 싶어.

❺

같은 학년 친구가 너와 생일이 같다면, 친구들이
그쪽 파티로 가는 게 싫어서 생일파티를 다른 날로
옮길 것 같니? 겹치는 친구가 거의 없는데도?

A 당연하지. 안 그래도 아무도 안 올까 봐 걱정이었거든.
B 그럴 수도. 그쪽으로 친구들이 더 많이 가면 속상할 거 같아.
C 아니, 하지만 내 파티에 친구가 적게 올까 봐 걱정은 돼.
D 당연히 아니지. 친구가 다 겹쳐도 상관없어. 각자
   끌리는 파티로 가면 되니까.

6

머리를 잘랐는데 잘 어울리는지 모르겠어. 친구들이
놀릴까 봐 학교 가기 싫어지니?

A 당연하지. 조금이라도 자란 다음 가려고 며칠간 꾀병 부리고
   싶을 것 같아.
B 응. 다음 날 학교 갈 생각에 스트레스 받을 것 같아.
C 좀 걱정돼. 하지만 이미 일어난 일이고, 머리는 자라니까!
D 아니, 누가 신경 쓴다고? 그냥 머리일 뿐인걸. 놀리고 싶으면
   놀리라 그래. 하지만 아무도 모를걸?

7

낯선 곳으로 전학을 가야 한다거나 원치 않는 일이 생길까 봐
걱정해 본 적 있니? 그런 일이 일어날 리가 없는데도?

A 항상 그런 생각해. 그런 생각이 머릿속에서 떠나지 않아서
   당혹스러워.
B 가끔. 그럴 때면 기분이 별로야.
C 별로. 하지만 내가 아는 사람이 그런 일을 겪으면 어쩌나 생각할
   때는 종종 있어.
D 아니, 일어나지도 않고 내가 어찌할 수도 없는 일을 왜 걱정하는데?

8

학교에서 댄스 파티가 열렸어. 춤을 못 출까 봐
걱정돼서 이야기만 나누는 편이니?

A 응. 언제 어디서도 춤은 안 출 거야.
B 말하는 게 더 편해. 하지만 튀지 않게 몇 번 단체 춤은 출 거야.
C 난 춤추는 게 좋아. 처음에는 다른 사람 눈이
   신경 쓰이겠지만, 곧 나아질 거야.
D 절대 아니지. 다른 사람 눈에 어떻게 보이든 상관 안 해.
   춤은 내가 즐기려고 추는 거니까!

9

수영장에서 다이빙할 때, 너도 같이 하고 싶은데
너무 무서워서 바라보기만 한 적 있니?

A 늘 그래. 앞으로도 쭉 그런 용기는 안 생길 거 같아.
B 가끔은. 하지만 한두 번 해 볼 때도 있어.
C 한두 번 그랬어. 너무 어렵거나 위험해 보일 때.
D 아니, 난 모두가 이걸 해 보면 좋겠어.

10

미래에 대해 자주 생각하고, 원하는 것을
이루기 위해 노력하는 편이니?

A 늘 그래. 내가 조종할 수 없는 모든 일들이 걱정돼.
B 꽤 그렇지. 열심히 해서 옳은 결정을 내리려고 노력해.
C 가끔은. 하지만 미래에 무슨 일이 벌어질지 모르니,
   현재에 충실하려는 편이야.
D 아니. 대체 왜? 미래에는 어떤 일도 벌어질 수 있고,
   어떻게든 해결될 텐데 말이야.

풀이는 55쪽에

풀이

충동성 테스트

나는 얼마나 충동적인 사람인지 살펴보자.

1, 2, 4, 6, 8, 9번 문제	3, 5, 7, 10번 문제
A = 4점	A = 1점
B = 3점	B = 2점
C = 2점	C = 3점
D = 1점	D = 4점

각 문항의 점수를 합해 총점을 내 보자.

0~17점: 충동성이 거의 없는 사람

계획과 약속에 큰 의미를 두는 사람. 뭔가 하겠다고 말하면 결심을 잘 바꾸지 않는다. 흘러가는 대로 대처하기보다는 무슨 일이 벌어질지 미리 알고 싶어 한다. 하지만 직감이 중요한 진실을 일러 주기도 한다는 점을 명심하자. '재미도 느끼며 살자' 같은 단순한 진리가 중요한 순간이 분명 있다.

18~25점: 충동성이 높지 않은 사람

계획을 세우고 지키려 노력하는 사람. 하지만 때로는 순간에 스스로를 내맡기기도 한다. 믿음직스럽고 자제력 있는 면모 덕에 목표를 달성할 수 있지만, 가끔은 느슨해질 필요도 있다.

26~33점: 꽤 충동적인 사람

직감을 믿고 빠르게 결정을 내리는 사람. 본인에게 잘 맞고 재미있는 삶을 추구할 줄 안다. 그러나 새로운 것에 바로 달려드는 대신 일의 결과를 생각해 보는 것도 필요하다. 떠다니던 먼지가 가라앉고 나면 좀 더 뚜렷하게 앞이 보이는 법이다.

34~40점: 충동성이 높은 사람

무척 즉흥적인 사람. 앉아서 이 퀴즈를 다 푼 것만도 기적이다. 자유롭고 신나게 살기를 바라며, 순간의 느낌에 충실한 삶을 산다. 함께 어울리면 재미있는 사람이다. 하지만 계획과 약속을 중시하는 사람을 실망시킬 수도 있으니 조심해야 한다.

공감도 테스트

나의 공감 능력 수준은 어느 정도일까?
각 문항의 답에 점수를 매긴 다음 총점을 내 보자.

매우 그렇다 =	+2점
약간 그렇다 =	+1점
약간 아니다 =	−1점
전혀 아니다 =	−2점

나의 공감 능력은 공감 능력 척도 어디쯤 위치하는가?

−20	−15	−10	−5	0	5	10	15	20

−20점 근처

공감 능력과는 거리가 먼 사람. 최고가 되고 싶어 하고 다른 이들도 그렇게 되길 기대하기 때문에, 외롭게 지내기 쉽다.

−10점 근처

타인의 감정에 완전히 냉정하지는 않지만 다른 사람들 눈에는 그렇게 보일 수도 있다. 다른 사람 입장을 좀 더 헤아려 본다면 좋은 인상을 주는 데 도움이 될 것이다.

0점 근처

다른 사람들의 감정을 돌볼 줄 알지만 너무 깊이 감정 이입하지는 않는다. 감정을 느끼고 표현하고 관계를 유지하는 것은 큰 강점임을 명심하자.

10점 근처

다른 사람의 감정에 영향을 많이 받는다. 하지만 그로 인해 나의 하루가 좌지우지될 정도는 아니다. 옳고 그름에 대한 뛰어난 분별력으로 세상에 선한 영향을 미친다.

20점 근처

타인을 대하는 감각이 매우 발달한 사람. 다른 사람의 감정에 크게 좌우된다. 하지만 내가 모두의 행복을 책임질 수 없다는 사실을 명심하자. 자신을 돌보는 것도 중요하다.

네오필리아 테스트

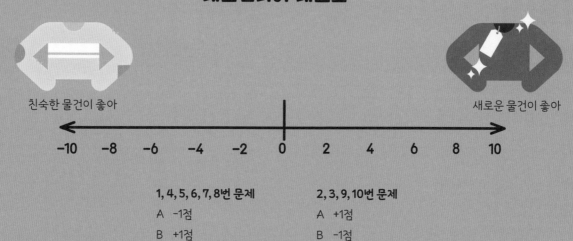

친숙한 물건이 좋아   새로운 물건이 좋아

$-10 \quad -8 \quad -6 \quad -4 \quad -2 \quad 0 \quad 2 \quad 4 \quad 6 \quad 8 \quad 10$

1, 4, 5, 6, 7, 8번 문제	2, 3, 9, 10번 문제
A -1점	A +1점
B +1점	B -1점

각 문항의 점수를 합해 총점을 내 보자.

불안도 테스트

A가 제일 많으면

걱정이 많은 편. 걱정한다고 크게 달라지지 않는다는 걸 알면서도 걱정을 멈추지 못한다. 걱정을 다뤄 본 경험이 많은 어른들과의 대화를 통해 걱정을 줄이고, 걱정에 압도되지 않도록 도움을 받자.

B가 제일 많으면

걱정하고 싶지 않지만 걱정이 많은 편. 걱정은 뇌가 스스로를 안전하게 지키는 방법 중 하나다. 내가 한 행동이 초래할 수 있는 나쁜 결과를 미리 생각해 보는 게 걱정이기 때문이다. 하지만 꼬리에 꼬리를 무는 걱정은 무엇에도 도움이 안 된다. 걱정거리 대부분은 우리가 통제할 수 없는 일들이다. 걱정이 잘 통제되지 않을 때는 믿을 만한 어른에게 털어놓는 것도 방법이다.

C가 제일 많으면

가끔 걱정을 하지만, 걱정 때문에 원하는 바를 이루지 못할 정도는 아니다. 위험한 상황이라 생각해도 늘 그랬듯 모든 일이 잘 되리라고 믿는다. 걱정 덕분에 보다 나은 선택을 하게 되는 경우도 많다. 그러나 많은 걱정거리들이 내 손을 벗어나 있다는 점도 기억하자.

D가 제일 많으면

걱정이라고는 거의 없는 사람. 삶을 느긋하게 즐기는 태도를 다른 사람들이 부러워할 정도이다. 이해하기 어려울 수 있지만, 많은 사람들이 걱정과 맞서며 살아간다는 사실을 받아들일 필요가 있다. 또 위험에는 면역력이 없는 걸 꼭 기억하자. 걱정이 되지 않더라도 큰 위험을 감수하는 일은 피하는 게 좋다.

지능도 측정할 수 있을까?

지능이란 무엇일까? 세상의 모든 사실을 아는 능력일까?
깊고 어려운 책을 이해하는 능력일까? 혹은 처음 마주한 문제를 해결하는 능력일까?
지능을 정의하고 측정하는 방식은 인류 역사 이래로 다양하게 제기되어 왔다.

오늘날 지능 지수(Intelligence Quotient, IQ) 검사는 지능을 측정하는 방법 중 제일 널리 알려져 있다. 얼마나 많은 문항에 정확히 답했는지, 내 나이대 대비 얼마나 발달했는지에 기반해 지능을 점수화한다. 하지만 지능을 단순히 수치로 나타내는 것은 불가능하기 때문에 지능 지수 검사는 큰 의미가 없다고 생각하는 사람들도 많다.

긍정적이거나 부정적인 다양한 성격 특성과 높은 지능 사이의 연관 관계를 살피는 연구가 여럿 있었다. 그러나 결과는 한결같지 않았다. 다만 높은 지능 지수는 새로운 경험에 대한 개방적 태도와 관련이 깊은 것으로 밝혀졌다.

유동성 지능과 결정성 지능

심리학자 레이몬드 카텔은, 여러 능력들이 함께 작용하고 서로 영향을 미치며 지능을 이룬다고 생각했다. 카텔은 지능을 유동성 지능과 결정성 지능이라는 두 종류로 분류했다.

유동성 지능은 특별한 지식이나 이전의 경험 없이도, 패턴을 발견하고 논리적으로 생각함으로써 문제를 추리하고 해결하는 능력이다.

결정성 지능은 인생 전반에 걸쳐 얻은 지식, 경험, 기술을 활용하는 능력이다.

대체로 어른은 인생을 살면서 더 많은 것들을 배웠기 때문에, 어린이보다 결정성 지능이 높은 편이다. 하지만 자만하기에는 이르다. 어린이는 어른보다 유동성 지능이 높기 때문이다. 중년에 이른 어른은 유동성 지능이 크게 줄어든다.

문화 공평 지능 검사

학교 시험을 포함해 많은 검사들은 사실과 기술을 습득하고 기억하는 결정성 지능을 측정한다. 이런 검사는 훌륭한 교육을 받고 박물관에 자주 가며 책을 많이 읽는 등 교육적·경제적 혜택을 많이 받은 사람들이 유리하다.

레이몬드 카텔은 이것이 불공평하다고 생각했다. 그래서 문화 공평 지능 검사를 개발했다. 이는 인생 경험과는 무관한 유동성 지능을 측정하는 검사이다. 문화적, 교육적 차이가 점수에 영향을 미칠 만한 질문을 의도적으로 제외해, 다른 지능 지수 검사보다 공정성을 갖췄다.

수학 문제는 잘 풀지만 언어 능력은 떨어지는 사람도 있기 마련이다. 이렇듯 오늘날 사람들은 다양한 종류의 지능이 있음을 안다. 다음 장에서 다양한 영역의 지능을 검사해 보고, 나의 강점이 무엇인지 살펴보자.

언어 추론 능력 검사

언어 능력이 특출한 편인가? 혹은 맞춤법, 문법, 독해 때문에 매번 곤란을 겪는 편인가?
언어 추론 능력을 테스트하는 문제를 풀어 보고 나의 언어 능력을 알아보자.

난독증 같은 어려움을 겪는 사람에게는 이 검사가 적절치 않을 수 있으니
재미로 검사해 보되 결과에 너무 좌절하지 말자.

반대말 찾기

1 자랑스러운   A 행복한   B 창피한   C 화난

2 비싼   A 못생긴   B 유행하는   C 싼

3 침착한   A 안절부절못하는   B 잔인한   C 평화로운

맞춤법 맞히기

맞춤법에 맞게 쓴 것은?

4 A 꽃꽃이   B 꽃꽂이   C 꽂꽂이

5 A 베개   B 배개   C 베

6 A 풍비박살   B 풍비박산   C 풍지박살

숨은 단어 찾기

숨어 있는 단어 세 개는?

7 8 9

추	론	까	림
린	빨	성	크
지	혼	페	격
능	최	빨	아

내용 이해하기

아래 문단을 읽고, 질문에 답해 보자.

스페인어는 세계에서 두 번째로 널리 쓰이는 언어이다. 4억 명 넘는 사람들이 스페인어를 쓰며, 21개국에서 공용어로 지정되어 있다. 똑같이 스페인어를 사용해도, 각 나라마다 쓰는 단어가 약간씩 다르다. 예를 들어 스페인에서 주스는 '후모'인데, 아메리카 대륙에서 스페인어를 쓰는 사람들은 '후고'라고 부른다.

⑩ 세계에서 첫 번째로 널리 쓰이는 언어는 4억 명 이상이 사용한다.

    A 맞다
    B 틀리다
    C 알 수 없다

⑪ 스페인에서 '주스'는 '후모'라고 불린다.

    A 맞다
    B 틀리다
    C 알 수 없다

⑫ 아프리카의 몇몇 나라에서도 스페인어를 공용어로 사용한다.

    A 맞다
    B 틀리다
    C 알 수 없다

맞는 문장 찾기

⑬ A 길을 한참 헤매이다 겨우 찾았다.
    B 길을 한참 헤매다 겨우 찾았다.
    C 둘 다 틀리다.

⑭ A 책이 잘 읽는다.
    B 책이 잘 읽힌다.
    C 둘 다 틀리다.

⑮ A 설레는 마음을 감출 수 없다.
    B 설레이는 마음을 감출 수 없다.
    C 둘 다 틀리다.

풀이는 68쪽에

수학적 추론 능력 검사

모두가 수학을 좋아하는 건 아니지만, 수학은 우리 생활과 떼려야 뗄 수 없는 학문이다.
남은 잔돈으로 사탕을 몇 개나 살 수 있을지 계산하는 것부터 우주의 과학적 신비를 풀기까지!
나의 수학적 추론 능력이 어느 정도인지, 아래 문제들을 풀어 보자.

암산하기

손으로 쓰거나 계산기를 사용하지 말고 머릿속으로
계산해 보자. 답은 손으로 써도 좋다.

❶ ?+36=41

❷ 6×?=36

❸ ?-70=31

❹ 7×8=?

❺ 66÷?=11

다음에 올 숫자 찾기

반복되는 패턴을 찾아 마지막 자리에 올 숫자를 찾아보자.
계산기는 사용할 수 없으며, 종이에 손으로 써서 계산해 볼 수는 있다.

❻   7   14   21   28   ?

❼   20   41   62   83   ?

❽   80   40   20   10   ?

❾   30   45   60   75   ?

❿   2   6   14   30   ?

수학 문장제 풀기

계산기를 사용하지 말고 풀어 보자. 종이에 손으로 써서 계산해 볼 수는 있다.

⑪

초콜릿 1개에 600원이다.
초코렛 5개를 사면 얼마일까?

A 3000원

B 2600원

C 2200원

⑫

20명이 매달 5000원씩 1년 간 모았다.
1년 후 모인 금액은 얼마일까?

A 80만원

B 100만원

C 120만원

⑬

쇼핑백 1개에 초콜릿 5상자가 들어간다.
초콜릿 22상자를 옮기려면 쇼핑백
몇 개가 필요할까?

A 4개

B 5개

C 6개

⑭

공장에서 1분에 5개씩 장난감을
만들어 낸다. 1시간 동안 만들 수 있는
장난감은 몇 개일까?

A 200개

B 300개

C 500개

⑮

연필 50자루가 5000원이다.
연필 20자루는 얼마일까?

A 1000원

B 1200원

C 2000원

풀이는 68쪽에

공간 지각력 검사

공간을 이해하고 공간에서 생각하는 능력을 공간 지각력이라고 한다.
나의 공간 지각력은 어느 정도인지 살펴보자.

열쇠 돌리기

맨 앞의 열쇠를 다른 방향으로 돌렸을 때의 그림으로 맞는 것은? (단, 모양은 바뀌지 않는다.)

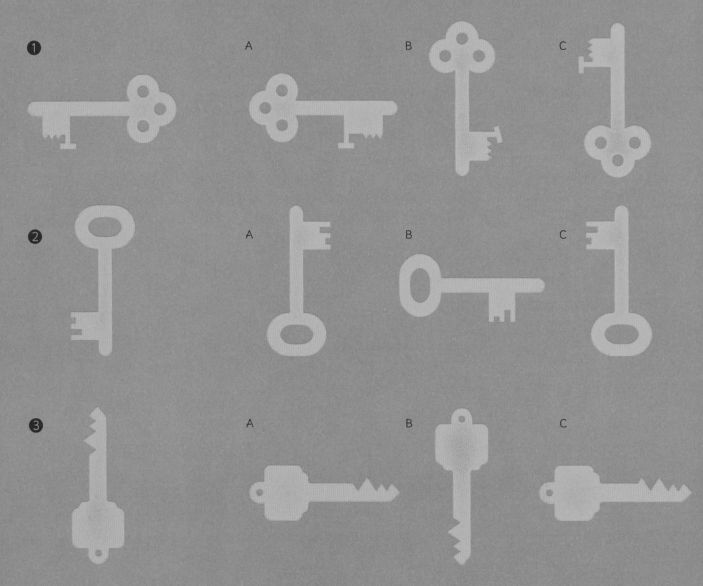

위에서 내려다보기

색색의 3D 피라미드를 위에서 내려다본다고 상상해 보자. 그리고 어떻게 보일지 A, B, C 중에서 골라 보자.

풀이는 69쪽에

문화 공평 지능 검사

추상적 추론 능력은 패턴, 규칙 등을 찾는 능력이다. 이 능력에는 수학, 언어, 상식 등이 영향을 끼치지 않는다. 나의 추상적 추론 능력은 어느 정도인지 살펴보자.

미로 찾기

모든 미로에는 출발 지점과 도착 지점이 있다. 30초 동안 출발 지점에서 도착 지점으로 가는 길을 찾아보자.
다 푼 문제에는 O, 못 푼 문제에는 X 표시를 해 두자.

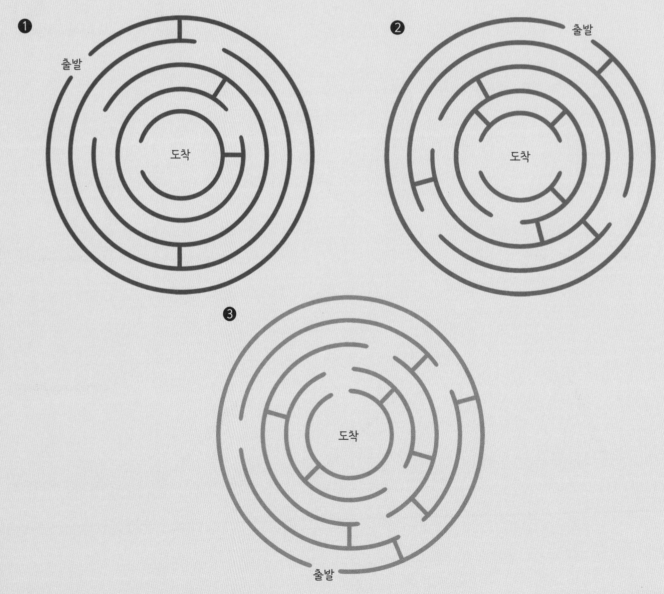

공통점 있는 도형 찾기

위 줄에 있는 세 가지 도형과 공통점이 있는 도형을 아래 줄에서 찾아보자.

풀이는 69쪽에

65

규칙에 맞는 모양 고르기

왼쪽 줄의 위아래 모양이 변한 규칙을 찾아보자. 똑같은 규칙을 오른쪽 줄에도 적용해
빈칸에 알맞은 모양을 A, B, C, D 중에서 골라 보자.

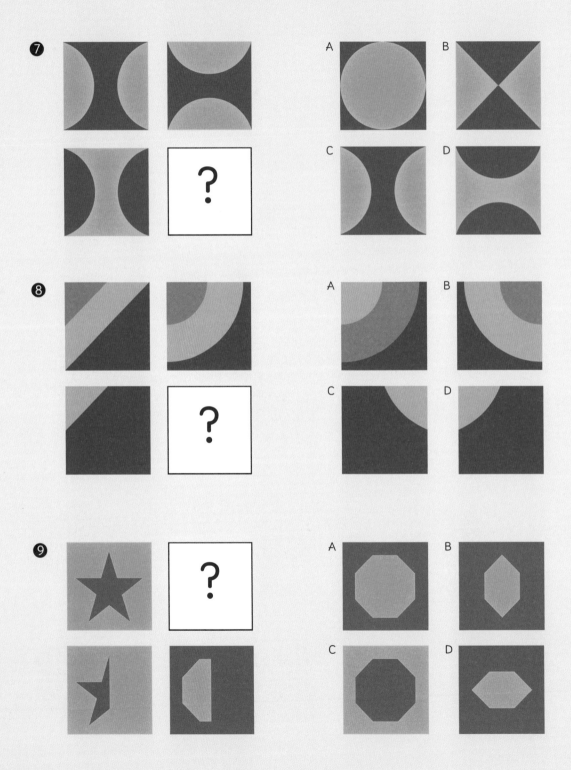

다음에 올 모양 찾기

맨 위 줄에서 보이는 패턴을 찾아 A, B, C 중 물음표 자리에 올 모양을 찾아보자.

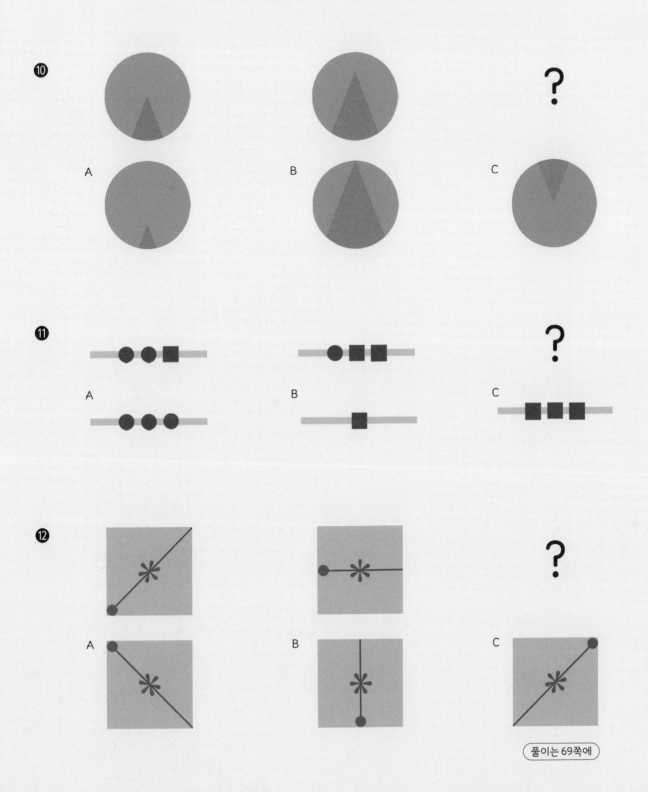

풀이는 69쪽에

풀이

언어 추론 능력 검사

답을 맞히면 2점을 더한다. 다 맞히면 30점이다. 나의 총점은 몇 점인가?

반대말 찾기
❶ B
❷ C
❸ A

맞춤법 맞히기
❹ B
❺ A
❻ B

숨은 단어 찾기
❼❽❾ 추론, 지능, 성격(순서는 상관없음)

내용 이해하기
❿ A: 스페인어가 세계에서 두 번째로 널리 사용되는 언어이고 4억 명이 사용한다면, 첫 번째로 널리 사용되는 언어는 최소 4억 명 이상이다.
⓫ A
⓬ C: 전 세계에 스페인어를 사용하는 나라들이 많다고 말했지만, 본문에 언급된 나라는 스페인과 아메리카 대륙의 나라들뿐이다.

맞는 문장 찾기
⓭ B
⓮ B
⓯ A

수학적 추론 능력 검사

답을 맞히면 2점을 더한다. 다 맞히면 30점이다. 나의 총점은 몇 점인가? 언어 추론 능력 검사 점수와 비교해 보자.

암산하기
❶ 5
❷ 6
❸ 101
❹ 56
❺ 6

다음에 올 숫자 찾기
❻ 35: 7의 배수로 커진다
❼ 104: 21씩 더한다
❽ 5: 2씩 나눈다
❾ 90: 15씩 더한다
❿ 62: 2를 곱하고 2를 더한다.

수학 문장제 풀기
⓫ A: 600×5=3000원
⓬ C: 20×5000=100000원, 일 년은 열두 달이 있으므로 100000×12=1200000
⓭ B: 20상자는 쇼핑백 4개에 꼭 맞게 들어가고, 남은 2상자를 넣을 쇼핑백 1개가 더 필요하다.
⓮ B: 1시간은 60분이므로, 5×60=300개이다.
⓯ C: 연필 50자루가 5000원이라면, 연필 10자루는 1000원이다. 연필이 두 배이면 가격도 두 배이므로, 1000×2=2000원이다.

공간 지각력 검사

답을 맞히면 5점을 더한다. 다 맞히면 30점이다.
나의 총점은 몇 점인가? 언어 혹은 수학적 추론 능력 검사 점수와 비교해 보자.

열쇠 돌리기
❶ C: B번 열쇠는 톱니 모양이 다르고, a번 열쇠는 방향이 다르다.
❷ A: B번 열쇠는 톱니 위치가 다르고, c번 열쇠는 방향이 다르다.
❸ A: C번 열쇠는 톱니 모양이 다르고, b번 열쇠는 방향이 다르다.

위에서 내려다보기
❶ A
❷ B
❸ A

문화 공평 지능 검사

본래의 지능 검사는 광범위한 질문에 대한 답변을 기반으로, 피검자 나이의 평균 점수와 비교하여 IQ 점수를 제공한다.
이 책에서 진행한 것은 재미 위주로 간단하게 만든 문화 공평 지능 검사이므로, 결과에 따라 수치화된 점수를 제공하지는 않는다.
대신 앞서 검사한 추상적 추론 능력 점수는 매길 수 있다. 각 문항의 답이 맞는다면 1점씩 더하고, 합계에 100을 곱한 후 나이로
나눈 값이 최종 점수이다. 점수를 계산할 때는 얼마든지 계산기를 써도 좋다.

미로 찾기
시간 내 문제를 풀었다면 문항당 1점씩 더한다.

공통점 있는 모양 찾기
❹ A: 사각형이다.
❺ C: 삼각형 2개로 이뤄졌다.
❻ C: 가운데 원이 있다.

규칙에 맞는 모양 고르기
답이 틀렸다면, 왜 틀렸는지 문제를 다시 살펴보자.
❼ D
❽ D
❾ A

다음에 올 모양 찾기
이 문항 역시 답이 틀렸다면, 왜 틀렸는지 문제를 다시 살펴보자.
❿ B
⓫ C
⓬ A

창의성과 성격의 연관성

스스로 창의적인 사람이라고 생각하는가?

창의적인 사람이란 정확히 무슨 뜻일까? 그림을 잘 그리거나 작곡을 잘하는 사람을 말하는 걸까?

아니면 다른 사람과는 좀 다르게 세상을 바라보는 공상가를 뜻하는 걸까?

모든 사람은 창의성을 가지고 있다. 그런데 아이디어를 떠올리거나 표현하는 방식이 매우 독특해
특별히 눈에 띄는 사람들이 있다. 우리는 이런 사람들을 창의적인 사람이라고 말한다.
전문가들은 창의적인 사람들의 성향이 여러 성격 특성의 조합으로 이뤄진다는 점을 발견했다.

창의적 특성

창의성과 가장 관련이 깊은 성격 특성 중 하나는 '새로운 경험에 대한 개방성'이다. 현대 심리학자들이 성격 검사 시 자주 활용하는 다섯 가지 성격 특성 요소(33쪽) 중 하나이다.

일리가 있다. 독창적 아이디어를 떠올리기 위해서는 기존에 알던 방식을 고집하기보다는 새로운 방식으로 생각할 필요가 있다. 게다가 아이디어는 난데없이 떠오르는 게 아니다. 나를 둘러싼 수많은 정보들을 엮어 내는 뇌 활동이 아이디어를 만들어 낸다. 그러니 새로운 경험에 더 개방적일수록 뇌가 엮을 재료가 더 많아진다.

인내심이 강하고 실패를 두려워하지 않는 사람일수록 창의적일 확률이 높다. 새롭고 흥미로운 방식으로 활용하기 위해 기술을 익히고 정보를 받아들이는 데는 시간과 노력이 든다. 또한 창의적인 아이디어를 다른 사람들이 경험하도록 변환하려면 여러 차례 시도해 보아야 한다. 창의성이 뛰어난 사람들조차도 최고의 아이디어를 얻기 위해서는 신통치 않은 아이디어를 내고 실패하는 경험을 수차례 반복해야 한다.

창의적 사고 과정

새로운 아이디어를 떠올릴 때, 뇌에서는 실제로 어떤 활동이 벌어질까?
전문가들은 창의적 사고 과정을 준비-부화-발현-검증의 네 단계로 나눈다.

1. 준비
이 단계에서 뇌는 주변의 지식을 흡수하며, 훗날 창의적 생각이 될
새로운 연결 고리들을 떠올린다. 독서, 관찰, 탐험, 조사의 과정이
이에 속한다. 생각한 것을 글과 그림으로 기록하고 마인드맵을
그려 보면, 첫인상을 정리하는 데 도움이 된다.

2. 부화
이 단계에서 뇌는 흡수한 지식들을
새롭게 연결해 본다. 연결 작업은 나의
실질적인 통제를 벗어나 잠재의식
차원에서 이뤄지는 것이 대부분이다.
긴장을 풀면 뇌가 새로운 아이디어를
발전시키는 데 큰 도움이 된다.

3. 발현
이 단계에서 뇌는 나에게 유용하겠다 싶은
새로운 연결 지점을 발견한다. 어떤 생각이나
아이디어가 갑자기 의식의 수면 위로 떠오르며
'불이 딱 켜지는 순간'을 맛볼 수 있다. 유레카!

4. 검증
새로운 아이디어를 떠올렸다고 끝이 아니다. 처음에는
애매모호할 수 있기 때문에, 생각을 확장시키면서 다듬어 나가야
한다. 그래야만 진짜 좋은 생각인지 아닌지 알 수 있으며, 다른
사람에게 제시하고 설득할 수 있을 정도로 발전시킬 수 있다.

길퍼드의 용도 찾기 검사

70여 년 전 미국 심리학자 J. P. 길퍼드는 인간의 창의성을 측정하는 검사를 만들었다. 이는 매우 새롭고 급진적인 방법론이었다. 클립 하나를 보여 주며, 이 물건의 쓰임새를 가능한 한 많이 떠올려 보라고 하는 것이다.

창의성 검사는 매우 까다로운 일이다. 길퍼드는 피검자들이 어떻게 다르게 생각하는지를 알고 싶었으나, 이는 측정이 무척 어려웠다. 용도 찾기 검사를 통해 내가 얼마나 창의적인 사람인지 알아보자.

검사 방법

❶ 나 외에 최소 2명 이상 검사할 사람을 모으자. 검사가 끝난 후 답안지를 보면 이유를 알게 될 것이다.

❷ 다음 쪽에 있는 물건 중 3개를 고르자. 그룹으로 검사를 실시한다면 어떤 물건을 고를지 서로 동의해야 한다.

❸ 각 물건별로 쓰임새를 몇 가지나 떠올릴 수 있는지 알아보자. 일반적인 쓰임새가 아닐수록 더 좋다. 클립을 예로 들면, '종이 두 장에 끼우기'보다는 '소금통에 구멍 뚫기' 같은 답이 더 낫다. 15분 시간제한을 두어도 좋고, 시간제한 없이 진행해도 좋다.

길퍼드가 처음 제안한 검사 방식은 훨씬 엄격했다.
피검자가 생각해 낸 용도는 실질적이고 현실성 있어야 하며, 그렇지 않은 답은 제외했다.
하지만 여기에서는 보다 자유롭고 재미있는 답을 써도 좋다.
예를 들어 '클립은 다리를 다친 쥐에게 조그마한 목발이 되어 줄 수도 있다'처럼 말이다.

이 검사는 간단하지만 쉽지는 않다. 71쪽에 나왔던 창의적 사고 과정 네 단계를 활용해 답을 찾아보자.

연필

벽돌

나뭇잎

숟가락

❶
5분 동안 물건의 생김새를 여러 각도에서 자세히 관찰한다.

의자

우산

❷
물건은 내려놓고, 15분간 재미있고 편안한 활동을 한다.

❸
물건을 다시 보면서 생각이 떠오르는 대로 그 쓰임새를 적는다. 편안한 곳에 앉아 긴장을 풀고 생각해 보자. 쓰임새가 유치해도 상관없다. 더 이상 생각이 나지 않을 때, 목록을 살펴보며 가장 독창적이라고 생각되는 아이디어 3개를 골라 보자.

고무줄

비닐봉지

❹
15분 동안 선택한 아이디어 3개를 실제로 구현할 수 있는 방법을 생각해 본다. 그리고 다른 사람에게 설명하기 위해 각각 30초씩 준비 시간을 갖는다.

책

신발

풀이는 76쪽에

토랜스 창의성 검사

오늘날 많은 전문가들은 창의성에도 여러 유형이 있다고 믿는다.

창의적인 발명가일 수도 있고, 유창한 이야기꾼일 수도 있다.

우리는 우리가 얼마나 창의적인지 종종 잊고 산다. 최근 많은 심리학자들은 '일상적 창의성'을 탐구한다.

일상적 창의성은 매일 새로운 문제를 해결하고 새로운 생각을 표현하는 방식을 뜻한다.

엘리스 폴 토랜스는 토랜스 창의성 검사를 만든 사람이다.

그는 사람들이 다양한 문제를 독창적으로 해결하는 방식을 측정하고자 했다.

이 검사를 통해 전반적인 창의성 점수를 알 수 있으며, 특히 어떤 영역의 창의성이 높은지도 알 수 있다.

다음 쪽의 문제를 풀어 보자. 정해진 답은 없으니 상상력이 나를 어디까지 이끌어 가는지 시험해 보자.

친구나 가족들과 함께 검사해 보아도 좋다.

답을 점수화하는 데도 도움이 되며, 타인과 내가 얼마나 다른 존재인지 비교해 볼 수 있어 흥미롭다.

1

오른쪽에 그려진 모양을 종이 위에 옮겨 그린 후,
원하는 대로 그림을 완성해 봐.

2

물속에서 숨을 쉴 수 있다고 가정해 보자.
무얼 하고 싶고 어디로 가고 싶니?

3

길을 걷다 갑자기 신발이 사라졌어.
어떻게 할래?

4

물건으로 가득해 가방이 터질 듯한 적이 있니?
일상에서 겪는 이 문제를 어떻게 해결하면 좋을까?
아주 특이하거나 놀라운 방법을 상상해도 좋아.

5

기타 치는 강아지에 대한 이야기를 지어 보자.
주제가 마음에 안 들면, 다른 이야기를 만들어도 돼.

6

이 장난감 로봇을 어떻게 하면 더
재미있게 만들 수 있을까?

7

아래 그림과 같은 원을 5개, 사각형을 3개 그려 봐.
모양대로 오린 후 종이 클립을 활용해 가능한 한
다양한 모양으로 배열해 보자.

8

오른쪽 부엉이에게 5번 질문할 수 있어.
무얼 알고 싶니? 질문 5개를 적어 봐.

9

콩 모양 5개를 그려 봐. 모양 주변에 그림을
그려 5개를 각각 다른 사물로 완성해 봐.
콩만 빼고 뭐든 좋아.

10

한 가지 모양만 사용해 사람을 그려 봐.
원, 삼각형, 사각형, 혹은 원하는 모양
어떤 것이든 상관없어.

풀이는 77쪽에

풀이

나는 천재 발명가일까, 최고의 예술가일까, 아니면 독보적인 이야기꾼일까?
나의 창의성을 만나 보자.

길퍼드의 용도 찾기 검사

창의성 검사는 점수화하기 까다롭다. 그래서 길퍼드는
사람들이 얼마나 창의적으로 대답했는지를 보다 객관적으로
측정하기 위해 유창성, 융통성, 정교성, 독창성의 네 영역으로
나누어 평가했다.

다른 사람과 함께 검사를 수행했다면, 각자의 답안에 표시를
해 두자. '독창성' 영역의 점수를 매길 때는 다른 이들의 답과
비교해 다른 사람들이 똑같은 생각을 했는지 여부에 따라
점수를 매기게 된다.

혼자 검사를 수행했다면 다른 사람에게 점수를 매겨 달라고
부탁하자. 당사자가 공정하게 점수를 매기기 어려운 검사이기
때문이다. 특히 '독창성' 영역의 점수를 매기기 위해서는,
채점자도 검사를 해야 한다. 내 답안과 채점자의 답안을
비교해 점수를 매겨야 하기 때문이다. 채점자가 생각해 내지
못한 답이 있을 때마다 1점을 얻는다.

유창성
물건의 쓰임새를 얼마나 많이 떠올렸는가? 용도당 1점씩 준다.

융통성
답이 얼마나 다양한 영역에서 나왔는지를 살핀다. 예를 들어,
클립으로 반지를 만들거나 신발 장식을 만든다는 대답은 둘
다 '액세서리' 영역에 속한다. 하지만 자물쇠를 딴다는 대답은
다른 영역이다. 각각의 영역마다 1점씩 준다.

정교성
답의 수준이 얼마나 자세한가를 살핀다. 예를 들어, 클립으로
'식탁 위 빵 부스러기를 집는다'라는 대답은 '뭔가에 구멍을
뚫는다'는 답보다 훨씬 구체적이다. 답이 얼마나 구체적인지에
따라 1~3점을 준다.

1점= 대답이 간단함
2점= 대답이 꽤 구체적임
3점= 대답이 매우 구체적임

독창성
내가 떠올린 대답이 얼마나 흔치 않은지를 살핀다. 독창성을
측정하기 위해서는 최소 1명 이상의 비교군이 필요하다.
각각의 대답을 비교해 1~3점을 준다.

그룹과 비교할 경우
1점=흔한 대답(그룹 내 2명 이상이 같은 대답을 함)
2점=약간 독특한 대답(그룹 내 1명이 같은 대답을 함)
3점=매우 독특한 대답(같은 대답한 사람이 없음)

1명과 비교할 경우
1점=흔한 대답(점수 매기는 사람이 같은 대답을 함)
2점=약간 독특한 대답(같은 대답은 아니지만 비슷한 답이 있음)
3점=매우 독특한 대답(비슷한 답이 없을 때)

토랜스 창의성 검사

토랜스 검사는 길퍼드의 용도 찾기 검사 아이디어에 기반한다. 하지만 질문마다
각각 다른 창조적 영역에 도전하도록 하기 때문에, 점수화하는 체계가 조금 다르다.
혼자 검사를 받았다면, 내 답안을 보기 전 채점자 역시 꼭 검사를 수행해야 한다.
'독창성' 영역에서 내 답안과 비교하여 점수를 매겨야 하기 때문이다.

유창성 (2, 3, 4, 6, 7번 문항 해당)
얼마나 많은 쓰임새를 떠올렸는가? 각각의 용도마다 1점을 매긴다.

독창성 (모든 문항 해당)
각각의 답이 얼마나 독창적인가? 길퍼드 용도 찾기 검사의 '독창성' 점수 매길 때와
마찬가지로 답마다 1~3점을 매긴다.

정교성 (모든 문항 해당)
대답이 얼마나 자세한가? 구체적인 정도에 따라 1~3점을 매긴다.
1점 = 대답이 간단함
2점 = 대답이 꽤 구체적임
3점 = 대답이 매우 구체적임

총점이 얼마인가? 점수가 높을수록 대답이 창의적이라는 의미이다.
무엇보다 나의 창의성이 어느 영역에서 강점을 보이는지를 발견하는 것이 중요하므로,
어떤 문항에서 가장 높은 점수를 받았는지 살펴보자.

내 성격과 가장 잘 맞는 직업은?

어른이 되면 인생의 약 3분의 1을 일터에서 보내게 된다. 내키지 않을 수 있겠지만….

이왕이면 내가 좋아하는 일을 직업으로 삼는 편이 좋다. 그래야 일하면서 즐겁고 보람되며, 나아가 잘할 수도 있다.
심리학자 홀랜드는 이런 생각에 착안해, 사람의 성격을 분석하여 가장 잘 맞는 직업을 예측하는 데 일생을 바쳤다.
홀랜드의 이론에서는 사람을 여섯 가지 성격 유형으로 분류한다.

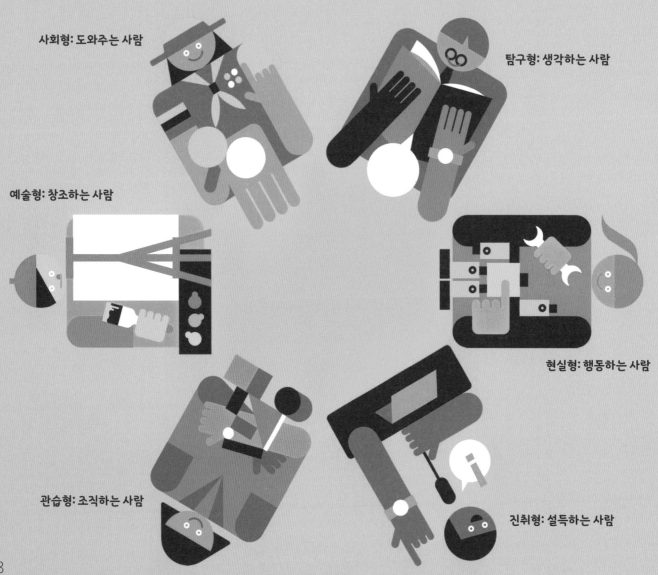

사회형: 도와주는 사람

탐구형: 생각하는 사람

예술형: 창조하는 사람

현실형: 행동하는 사람

관습형: 조직하는 사람

진취형: 설득하는 사람

'사람들이 장소를 만든다'라는 말을 들어 본 적 있는가? 홀랜드는 특정 유형의 사람들이 일터에 모이면, 그 성격 유형의 환경이 만들어진다고 믿었다.

즉 예술형 사람들이 여럿 모이면 그들이 선호하고 강점을 보이는 '창의적 사고'를 지지하고 보상하는 근무 환경을 만들게 되고, 반대로 관습적인 사람들이 모이면 유용하다고 생각되는 규칙과 과정으로 체계화된 작업 환경을 만들게 된다는 것이다.

어느 쪽이 더 낫다고 말할 수는 없다. 다만 맞지 않는 작업 환경에 놓인 사람들은 일을 하기 싫어하고 최선을 다하지 않게 된다. 예를 들어 예술형의 사람들은 관습적 작업 환경에 놓이면 숨 막히고 지루해한다. 또한 그들의 창의적이고 자유로운 생각을 계속 부정당한다고 느낀다.

중요한 사업 기록을 정리할 사람이 필요하다면, 창작 무용을 하는 능력은 큰 도움이 되지 않는다는 말이다.

홀랜드의 육각형 모델

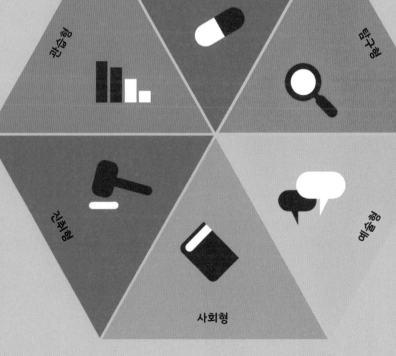

현실형

탐구형

관습형

진취형

예술형

사회형

홀랜드는 어떤 성격 유형이 같이 일하기 좋거나 불편한지 알아보기 위해 육각형 모델을 만들었다. 왼쪽 그림에서 관습형과 예술형은 가장 동떨어진 정반대에 있다. 바로 옆에 붙어 있는 성향일수록 같이 일할 때 좋은 짝이 된다. 예를 들어 예술형 사람은 탐구형 사람과 시간을 들여 좋은 생각을 발전시키고 싶어 한다.

물론 여섯 가지 유형으로 나누기에 사람은 너무 복잡한 존재이다. 홀랜드 역시 이 점을 알고 있었다. 하지만 이 모델을 통해, 사람들과 그들의 일이 진정 빛날 수 있는 방향을 제시한다고 믿었다.

스트롱 흥미 검사

스트롱 흥미 검사는 은퇴한 군인들에게 어떤 직업이 잘 맞을지 알려 주려는 목적으로 1920년대 처음 만들어졌다. 이후 꾸준히 업데이트되어, 무성 영화배우나 전보 교환원 등 이미 사라진 직업은 목록에서 빠졌다.

오늘날 세계적으로 통용되는 스트롱 흥미 검사는 홀랜드의 여섯 가지 성격 유형에 기초하고 있다.

이 검사는 내가 다양한 주제와 활동에 어떤 흥미를 보이는지를 밝히고자 한다.

나는 생각하는 사람인가, 행동하는 사람인가? 도와주는 사람인가, 조직하는 사람인가?

혹은 예술적인 사람인가, 설득하는 사람인가? 나의 '유형'을 찾아보고, 82~83쪽에서 미래의 직업을 살펴보자.

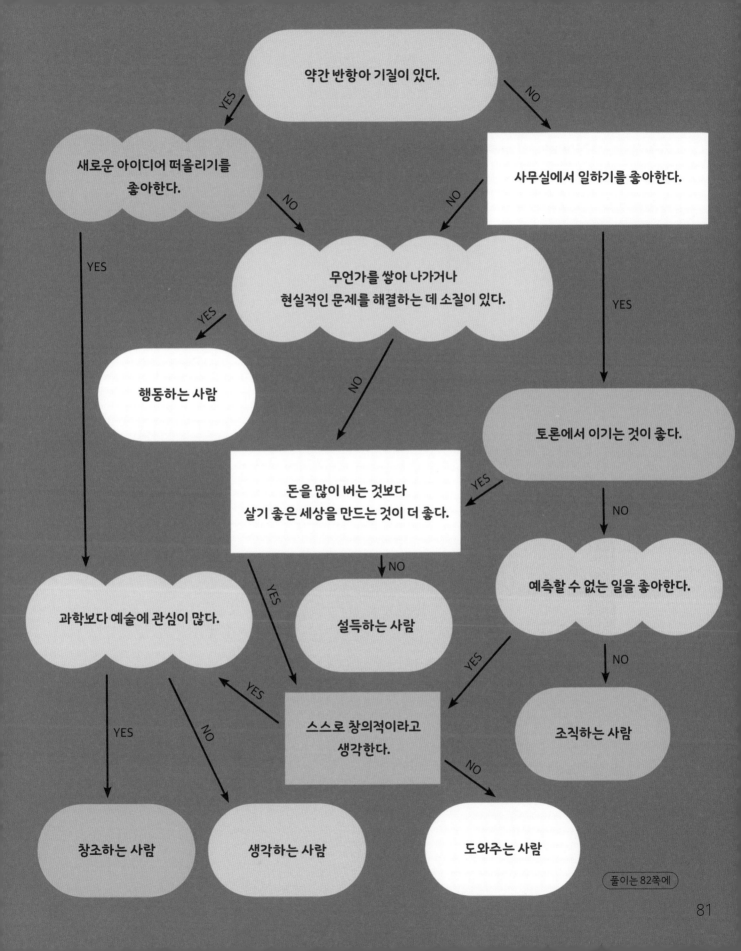

약간 반항아 기질이 있다.

새로운 아이디어 떠올리기를 좋아한다.

사무실에서 일하기를 좋아한다.

무언가를 쌓아 나가거나 현실적인 문제를 해결하는 데 소질이 있다.

행동하는 사람

토론에서 이기는 것이 좋다.

돈을 많이 버는 것보다 살기 좋은 세상을 만드는 것이 더 좋다.

예측할 수 없는 일을 좋아한다.

과학보다 예술에 관심이 많다.

설득하는 사람

스스로 창의적이라고 생각한다.

조직하는 사람

창조하는 사람

생각하는 사람

도와주는 사람

YES, NO 표시들

풀이는 82쪽에

풀이

나에게 꼭 맞는 직업을 찾아볼 준비가 되었는가?

나의 '유형'을 살펴보고 성격, 적성과 얼마나 잘 맞는지 생각해 보자.

물론 여기서는 사람과 직업을 매우 단순하게 나누고 있다. 현실은 이보다 훨씬 복잡하다.

하지만 보다 즐겁게 일할 직업을 찾는 데는 유의미한 자료가 될 것이다.

행동하는 사람

행동하는 사람은 실용적이고 현실적이다. 바로 그 자리에서 까다로운 문제를 푸는 데 소질이 있다. 세상에 바로 적용해 보기 위해, 부지런히 새로운 기술을 익히고 특별한 지식을 쌓는다. 무언가를 쌓고 고치는 일을 즐기며, 노동의 결과물을 보는 것을 좋아한다.

추천 직업: 소방관, 건축업자, 조종사, 배관공, 정원사, 자동차 정비공

생각하는 사람

생각하는 사람은 한 가지 주제를 깊이 이해하기 위해, 열심히 조사하고 가능한 한 많은 것을 배우며 여러 각도에서 살펴보기를 좋아한다. 복잡한 생각에 잠겨 일을 하며, 지루해하지 않고 오래도록 몰두하는 성향이다.

추천 직업: 과학자, 교수, 공학 기술자, 탐사 보도 기자, 연구원

설득하는 사람

설득하는 사람은 사람들에게 자신의 의견을 믿도록 말하는 재주가 있다. 그래서 영업이나 토론에 능하다. 돈과 권력에 관심이 많으며, 경쟁에서 이겨 성공할 때의 흥분감을 즐긴다.

추천 직업: 부동산 중개업자, 변호사, 사업가, 홍보 담당자

창조하는 사람

창조하는 사람은 예술적이고 독창적인 생각을 하는 사람이다. 남들과 여러 방면에서 다른 방식으로 창조할 때 행복을 느낀다. 때로 자신만의 규칙과 순서를 만들고자 하며, 자유롭게 새로운 아이디어를 탐색하거나 영감이 오는 순간을 좇는다.

추천 직업: 음악인, 그래픽 디자이너, 예술가, 작가, 사진가

도와주는 사람

도와주는 사람은 책임감이 강하고 타인을 돌볼 줄 아는 사람이다. 타인의 삶을 좀 더 나은 방향으로 이끌고, 긍정적 변화를 만들어 내는 데 적극적 역할을 맡고자 한다. 대부분 사교적이고, 일상에서 다른 사람과 소통하는 것을 즐긴다.

추천 직업: 선생님, 의사, 사회 복지사, 간호사, 수의사, 자선 단체 근무자

조직하는 사람

조직하는 사람은 세상의 규칙을 만드는 사람들이다. 믿음직스럽고 세부 사항까지 꼼꼼히 살핀다. 사람들을 적재적소에 배치하고 모든 일이 원활히 흘러가도록 조정한다. 올바른 규칙과 과정을 존중하지 않는 사람들을 상대할 때는 수치를 근거로 삼곤 한다.

추천 직업: 회계사, 보험사 직원, 컴퓨터 프로그래머, 사무 관리자

무의식을 이해하면?

무의식이란 정확히 무엇일까? 누구에게 묻느냐에 따라 답은 달라질 수 있다.

100년 전으로 시간을 돌릴 수 있다면, 20세기 심리학에 지대한 영향을 미친 지그문트 프로이트와 대화를 나눌 수 있을 것이다. 프로이트는 도통 이해하기 어려운 마음속, 즉 의식이 억누르고 있다가 때로 튀어나오는 거칠고 어두운 충동을 무의식이라 묘사했다. 하지만 오늘날 신경 과학자들이라면, 훨씬 덜 무서운 언어로 무의식을 정의할 것이다.

오늘날 무의식은 의식적으로 알아차리거나 미처 통제하지 못하는, 뇌 안에서 일어나는 생각과 처리 과정들의 광범위한 집합체를 뜻한다. 이런 무의식의 활동은 앞(71쪽)에서 보았듯 창의적 사고 과정에서 큰 도움이 된다. 그러나 우리가 알지도 못하는 사이 부정적이고 쓸모없는 생각들이 행동에 영향을 미칠 수도 있다.

성격과 무의식

프로이트는 사람의 성격은 마음속 세 가지 요소 간 갈등을 어떻게 다루는지에 따라 결정된다고 믿었다. 세 가지 요소는 바로 원초아(Id), 자아(Ego), 초자아(Superego)이다. 원초아는 무의식적이고 원시적인 자아로, 오직 본능적 욕구를 만족시키는 데에만 관심이 있다. 초자아는 '양심'이라고 할 수 있는데, 도덕적으로 옳은 방식으로 행동해야 한다고 속삭이는 내면의 작은 목소리이다. 자아는 의식 속의 평화 수호자이다. 강력한 원초아를 통제하며, 원초아가 원하는 바를 사회적으로 받아들일 만한 방법으로 충족시킨다.

프로이트의 이론 중 많은 부분은 세월이 흐르며 반대 의견에 부딪쳐 폐기되기도 했다. 하지만 인간의 사고와 행동이 완전히 의식적으로 통제될 수 없다는 생각 자체는 당시 무척이나 획기적이었으며, 오늘날까지도 통용되고 있다.

우리 삶에서 예를 들어 보자. 사소한 일에 화가 터져 나왔다. 그런데 돌이켜 생각해 보면, 사실은 전혀 다른 일 때문에 화가 났는데 엉뚱한 데 화를 퍼부은 적이 있지 않은가? 이런 일을 겪는 사람이 나만은 아니다. 우리의 무의식적 사고, 느낌, 충동은 우리가 알아차리는 것보다 훨씬 힘이 세다. 그리고 무의식을 관리하는 방식은, 나 자신과 다른 사람들의 성격을 경험하는 데 큰 영향을 미친다.

무의식 검사하기

무의식은 거대하고 복잡하며 알 수 없는 영역이다. 그러나 무의식이 어떻게 작동하는지 검사하는 방법은 놀랍도록 간단하다. 무의식 검사는 '투사 기법'을 활용한다. 검사자가 던지는 질문은 모호하고 열려 있다. 이런 유형의 검사는 무의식이 본능을 그대로 드러내도록 하여, 피검자가 보다 자유롭게 생각을 펼치고 표현할 수 있도록 돕는다.

로르샤흐 검사에 대해 들어 보았는가? 잉크 얼룩 자국을 보고 사람들은 저마다 무의식에 있는 내용과 관심사에 따라 다른 물건을 떠올린다. 아래 그림을 한번 보자.

예전 일부 심리학자들은 무의식 검사에서 사람들의 답을 곧이곧대로 해석했다. 그림 속 어떤 모양이나 특정 단어가 사람의 성격을 보여 준다고 믿은 것이다. 지금은 이런 방식을 비과학적이라고 비판한다. 과학적으로 증명할 방법이 없기 때문이다.

그렇다고 무의식 검사가 시간 낭비라는 의미는 아니다. 이런 검사는 사람들이 사물을 바라보는 방식을 깊이 생각할 수 있도록 돕고, 이런 시각 아래 무의식이 무엇을 장악하고 있는지 풀어내도록 한다. 그러니 이 대답으로 한 사람의 성격 전체를 설명하기보다는, 보다 특별한 질문을 던질 수 있는 출발점으로 활용하는 편이 좋다.

투사 검사

이제 다른 유형의 검사를 해 볼 차례이다.
무의식 속으로 깊이 뛰어들어, 수면 위로 흥미로운 점들을 끌어 올려 보자.

아래 세 가지 영역의 투사 검사에는 정답이 없다. 지극히 개인적이며, 성공과 실패 같은 결과도 없다. 깊이 생각하지 않고 바로 답을 말할수록 좋다. '이렇게 답해야지' 하고 생각하기보다는, 처음 떠오르는 직감에 의존하자. 존재하는지조차 몰랐던 내 성격의 일부를 찾아 떠나 보자.

우리는 모두 부정적인 생각, 느낌, 기억을 갖고 있다. 이 검사는 진지하기보다는 즐겁기 위해 만들어졌지만, 스스로에 대해 생각하고 세상을 바라보는 방식에 대해 생각하다 보면 내 기대와는 다른 감정을 불러일으킬 수 있다. 그러니 가능하면 믿을 만한 어른 곁에서 검사를 진행하고, 혹시 이상한 느낌이 든다면 곁의 어른에게 바로 털어놓자.

무슨 일이 일어나고 있는 걸까?

그림 속에서는 무슨 일이 일어나고 있을까? 깊이 생각하지 말고 첫 느낌을 말해 보자.
별다른 생각이 떠오르지 않는다면, 아래 질문을 보며 보다 자세한 생각을 덧붙일 수 있다.

- 이 순간 이런 행동을 하게 된 배경은 무엇일까?
- 이 순간 정확히 어떤 일이 벌어지고 있는 걸까?
- 두 사람의 생각이나 느낌은 어떠할까? 기분을 표현하고 있는 걸까, 감추고 있는 걸까?
- 바로 다음 순간에는 어떤 일이 벌어질까?
- 두 사람의 이야기는 어떻게 끝날까?

친구나 가족에게도 똑같은 질문을 던져 나의 답과 비교해 보자. 매우 흥미로울 것이다.

빠르게 그리기

이번 검사를 할 때는 주의를 기울여야 한다. 앞선 검사와는 다르게, 상당히 복잡한 지시 사항이 있기 때문이다. 정말 집중하고 있는가? 정말? 좋다, 그럼 시작해 보자.

과학자를 그려 보자.

바로 그렇게!

그림을 그리기 전에 생각을 하지 말자. 빠르게 그리고, 지우거나 새로 그리지 않는다. 완벽하게 그리거나 진짜처럼 그리는 게 목표가 아니다. 그저 내 머릿속의 과학자는 어떤 모습인지 보여 주려는 시도일 뿐이다.

단어 연상하기

단어 연상 게임을 해 본 적이 있는가? 이 게임에 대해 진지하게 생각해 본 적은 없을 것이다. 유명한 심리학자 칼 융은 단어와 단어의 직관적인 연결이, 어떻게 무의식을 반영한 흥미로운 지점을 보여 주는지 연구했다.
아래 단어를 읽고 제일 먼저 떠오른 단어는 무엇인가?
가능한 한 빨리 적어 보자. 깊이 생각하지 말고, 맞춤법이나 글씨체에 대해서도 걱정하지 말자.
처음 떠오른 생각이 이상해도 계속 해 보자. 말이 되는 것을 골라야 한다고 생각하지 말자! 우리 마음은 생각지도 못한 연결 고리를 만들어 낼 수 있으며, 이는 전혀 이상한 일이 아니다. 우리 모두가 똑같은 방식으로 생각한다면 얼마나 지루하겠는가.
내가 단어를 보고 연상한 것과 다른 사람의 대답을 비교하여, 얼마나 비슷하고 다른지 살펴보자. 검사 중 다른 사람의 답안을 슬쩍 보아서는 안 된다.

페인트	자유로운
나무	도시
호랑이	창문
영리한	좋은
해	바다

풀이는 88쪽에

풀이

앞에서 한 투사 검사의 점수를 매기러 왔다면 유감이다.
이번 검사에는 점수나 범주, 측정법이 없다.
대신 대답을 살펴보며 나의 무의식적 생각, 느낌, 나를 둘러싼 세계에 대한
반응 방식 중 무엇이 드러나 있는지를 생각해 보자.
무의식의 숨겨진 깊이를 탐험할 준비가 되었는가?
스스로를 발견하는 여정을 도와줄 몇 가지 조언을 살펴보자.

무슨 일이 일어나고 있는 거야?

이 검사는 사람들이 그림 속에서 무슨 일이 벌어지고 있는지 다양한
의견을 낼 수 있다는 데서 출발한다. 각자의 답은 경험, 생각, 걱정거리 등을
그림 속 인물에 투사한 것이다. 예를 들어 그림 속 사람들의 웃음은 서로
사이가 좋기 때문일까 혹은 놀리고 있는 것일까?
나의 생각과 다른 사람의 생각을 비교하여 토론하면
흥미로운 결과를 만날 수 있다. 다른 사람들과
나의 생각이 얼마나 다른지 안다면,
깜짝 놀랄 것이다.

빠르게 그리기

이 검사는 우스꽝스러울 정도로 간단하다. 하지만 머릿속에서
튀어나오는 대로 그린 그림은, 우리가 세상을 바라보는 방식에
대해 많은 것을 알려 준다. 특히 우리의 무의식이 특정 대상을
'일반적으로' 어떻게 바라보는지 알 수 있다. 이는 사회에 존재하는
고정 관념과도 종종 들어맞는다.
데이비드 웨이드 챔버스는 1983년 '과학자를 그려 보자' 검사를
최초로 만들어 냈다. 그는 어린이들의 그림에서 몇몇 세부적인
고정 관념들을 분석했다. 예를 들면 과학자는 남성이고 실험복을
입고 안경을 쓴 모습이 대부분이었다. 아주 어릴 때부터 과학자를
이런 방식으로 상상하는 아이들이 있으며, 자라면서 더 많은
아이들이 비슷한 그림을 그렸다.
내 그림을 보면서 아래 질문에 답해 보자.

- 내가 그린 과학자는 남성인가?
- 피부색은 어떠한가?
- 몇 살인가?
- 안경을 쓰고 있는가?

- 실험복을 입고 있는가?
- 피어싱이나 문신이 있는가?
- 휠체어를 타거나 다른 보조 기구를 이용하는가?

서구 사회에서 정형화된 과학자의 모습은 여전히 안경을 쓰고
실험복을 입은 백인 남성이다. 현실에서 과학자들이 다양한
모습을 하고 있다는 것을 알면서도, 무의식적으로 고정 관념대로
그리는 것이다.
무의식은 생각하고 느끼는 방법을 규정 짓기 때문에, 시간을 들여
탐구해 볼 필요가 있다. 일부는 불공평하거나 쓸모없을 것이다.
하지만 무의식에 대해 잘 알수록 의식적으로 우리를 조정할
수 있다. 예를 들어 과학자를 백인 남성으로만 그렸다면, 다른
과학자들을 더 조사해 보자. 시간이 흐를수록 이미지가 마음에
스며들어 무의식적 인상을 바꾸도록 돕는다.

단어 연상하기

이 검사는 특정 사물과 개념에 대한 나의 개인적, 무의식적
생각을 보여 준다는 점에서 무척 흥미롭다. 예를 들어 '바다'
때문에 긴장되는 느낌이 든다면, 연상되는 단어로 '두려운'
'위험한' 같은 부정적인 단어를 썼을 가능성이 높다.
'자유로운'이나 '좋은'은 내게 어떤 의미일까? 적은 답을 보고
골똘히 생각해 보자. 다른 사람과 함께 검사했다면, 답안의
비슷한 점과 다른 점에 대해 대화를 나눠 보자.

용어 사전

결정적 지능 일생 동안 습득한 지식, 경험, 기술을 활용할 수 있는 능력에 기초한 지능이다.

골상학 인간 두개골의 모양에 기반해 성격을 규정하는 사이비 과학(과학적이라 내세우지만 실상은 아니다)이다. 특정한 성격 특성이 두개골 모양과 연관되어 있다고 주장하는 골상학은 약 200여 년 전에는 인기가 높았으나, 가짜로 밝혀진 지금은 누구도 믿지 않는다.

공감 다른 사람에게 감정 이입 해 그 사람의 기분을 이해할 수 있는 능력을 말한다.

내향적 오늘날 심리학자들은 '내향성'을 홀로 고요히 시간을 보내며 민감하고 소심한 성격 특성으로 규정한다. 하지만 칼 융 같은 과거의 심리학자들은 이를 성격 유형의 하나로 여기고, 사람을 내향적인가 외향적인가에 따라 두 부류로 나누었다.

네오포비아(neophobia) 새로운 물건과 경험을 싫어하거나 두려워하는 경향을 말한다. 새로움을 불편하고 위협적으로 느끼기까지 한다. 이런 사람들은 잘 아는 사람들과 자주 가던 곳에 가기를 선호하며, 다른 것을 해 보는 위험을 감수하려 하지 않는다.

네오필리아(neophilia) 새로운 물건과 경험을 즐길 때 신나고 만족스러운 경향을 말한다. 이런 사람들은 똑같은 일을 반복하기보다는 새로운 곳으로 나들이 가기를 훨씬 더 좋아한다.

무의식 오늘날 우리는 의식적으로 미처 알아차리지 못하고 통제하지 못하는, 뇌 안에서 일어나는 생각과 처리 과정들의 광범위한 집합체를 뜻할 때 '무의식적'이라는 용어를 사용한다. 예를 들어 뇌과학자들은 우리가 알지 못하지만 뇌에서 일어나고 있는 일들을 살펴볼 때 무의식을 관찰한다고 말한다. 그러나 지그문트 프로이트는 무의식이란 우리 내면의 어둡고 신비로운 세계, 즉 의식이 억누르고 있다가 때로 튀어나오는 거칠고 어두운

충동이라고 생각했다.

별자리 하늘의 다른 영역을 나타내는 열두 가지 표식이다. 각 별자리는 한 해의 각기 다른 기간을 나타낸다. 점성술의 핵심 특성으로, 우주의 별과 행성들의 움직임이 인간의 삶에 영향을 미친다고 여긴다. 대중적이지만 비과학적인 이론이다.

불안 한 가지 혹은 여러 일에 대한 걱정이 심해져, 건강과 자신감에 나쁜 영향을 미치는 감정이다.

성격 유형 그룹화할 수 있는 성격 특성으로 사람을 정의하는 방식이다. 특정 성격 유형을 공유하는 사람들은 유사하게 생각하고 행동하며, 다른 성격 유형의 사람과 뚜렷한 차이를 보인다.

성격 특성 오늘날 심리학자들이 성격을 연구하는 가장 일반적인 방법은 어떤 특성을 갖고 있는지를 파악하는 것이다. 이때 특성이란 관련된 습관, 경향, 사고방식 등의 집합을 의미한다. 예를 들어 '다섯 가지 성격 특성 요인'의 다섯 가지 특성 중 하나로 '성실성'이 있다. 성실성이 높은 사람은 시간을 잘 지키고 정돈되어 있으며 열심히 일하는 편이다. 또한 깔끔하고 믿을 수 있으며 자기 훈련이 되어 있고 조심스럽다.

신경 과학자 뇌와 신경계를 연구하는 사람이다.

신경 세포 몸속 정보를 보내도록 분화된 신경 계통의 세포이다. 뇌 속에는 수십억의 신경 세포가 있으며, 신경 세포끼리 신호를 계속 주고받는다. 생각, 느낌 그 무엇이든 내가 필요로 하는 정보가 뉴런을 통해 열심히 오간다.

심리학자 사람의 마음을 연구하는 과학을 심리학이라 한다. 심리학자는 심리학을 연구하며, 사람들이 그렇게 행동하는 이유를 밝혀내고자 한다. 환자들과 대화를 나누고, 그들의 정신 건강 혹은 개인적 어려움을 해결하려 돕는다.

연구원 과학적 혹은 다른 종류의 연구를 수행하는 사람이다. 특정 주제의 정보를 발견하거나 보다 깊이 탐구한다.

외향적 오늘날 심리학자들은 '외향성'을 사교적이고 흥분을 잘하며 밖에 나가 사람들과 어울리기 좋아하는 사람들의 성격 특성으로 규정한다. 하지만 칼 융 같은 과거의 심리학자들은 외향성 자체를 매우 중요한 성격 유형으로 여겼다. 융은 외향적인지 내향적인지에 따라 성격에 차이가 크다고 여겼다.

원초아(Id) 지그문트 프로이트에 따르면, 원초아는 사람의 무의식적이고 원시적인 영역이다. 오직 본능적 욕구와 충동을 채우는 데만 관심이 있으며 참을성이 없다. 당장 아이스크림을 못 먹으면 떼를 쓰는 어린아이처럼 말이다.

유동성 지능 문제를 추론하고 해결하는 능력에 기초한 지능이다. 특정 지식이나 기존의 문제 해결 경험이 없는 상태에서, 패턴을 발견하고 논리적으로 생각하는 능력을 필요로 한다.

유전자 신체 세포 내 디엔에이(DNA)로 이뤄진 작은 인자이다. 피부색, 눈동자 색 등 부모로부터 물려받은 형질 정보를 전달한다.

의식적 생각, 느낌 같은 뇌의 활동을 자신이 알고 있고, 어느 정도 통제할 수 있는 상태를 말한다.

자아(Ego) 최근에는 스스로 중요하고 가치 있는 존재라고 느끼는 감각을 '자아'라고 부르는 경향이 있다. 오만한 것과는 거리가 멀다. 하지만 심리학에 지대한 영향을 미친 지그문트 프로이트는 자아를 보다 구체적으로 규정했다. 그는 자아가 강력한 원초아를 통제하고, 도덕적인 초자아가 받아들일 수 있는 방식으로 원초아를 만족시키는 의식적인 평화 수호자의 역할을 한다고 보았다.

지능 지수(IQ) 검사 지능 측정 방법으로 가장 잘 알려진 검사이다. 추론 능력을 검사하는 다양한 질문에 답을 작성해야 한다. 얼마나 많은 정답을 썼는지와 나이에 비해 얼마나 발달했는지를 따져 수치화한다. 하지만 이 점수가 부정확하다고 생각하는 사람도 많다. 또한 이 검사는 문화적 배경 혹은 다른 요인들 때문에 결과가 공정하지 않을 수도 있다.

체액 고대 그리스인들은 사람마다 서로 다른 양의 피, 점액, 황담즙, 흑담즙의 네 가지 체액을 갖고 있다고 생각했다. 이는 한 체액이 유난히 많을 경우 특정한 성격을 갖게 된다는 그리스 의학 사상의 하나인 사체액설로 발전하기도 했다. 예를 들어 흑담즙이 많은 사람은 음울하고 감정적이라는 식이다.

초자아(Superego) 지그문트 프로이트에 따르면, 초자아는 우리가 도덕적으로 옳은 행동을 할 수 있도록 의식 속에서 속삭이는 작은 목소리이다. 즉 양심이라고 할 수 있다.

충동성 미리 진지하게 생각해 보지 않고 곧장 행동하는 경향을 말한다. 예를 들어 충동적인 사람은 공놀이를 하다가 공이 담을 넘어가면, 담 너머가 얼마나 깊은지 모른 채 일단 공을 가져오기 위해 담을 넘는다.

통속 심리학 '통속적인 심리학'의 준말로, 재미있고 가벼운 심리학 콘텐츠를 의미한다. 진지한 과학적 연구에 기초한다기보다, '너는 어떤 종류의 초콜릿이니?' 같은 재미 위주의 온라인 퀴즈가 이에 속한다.

투사 검사 무의식적 생각과 느낌을 끌어내기 위해 결말이 열려 있고 해석이 애매모호한 검사 유형이다. 진실-거짓을 묻는 대신, 나무를 그려 보라고 요구하는 식이다. 검사 자체는 쉽지만, 그림이 나에 대해 무엇을 말해 주는지 설명하기는 쉽지 않다.

찾아보기

자신이 누구인지 제대로 알고 싶은 청소년들에게

"부모님이나 선생님, 사회가 시키는 일이 아니라 여러분이 하고 싶은 일, 여러분의 가슴을 뛰게 하는 일을 하세요." 소위 성공했다는 사람들이 청소년들에게 건네는 조언으로 빠지지 않고 등장하는 말이죠. 그런데 제가 막상 대학교에서 학생들을 만나 이야기를 나눠 보면, 학생들은 이렇게 말합니다. "교수님, 저도 정말 그러고 싶은데요, 그게 뭔지 모르겠어요."

우리나라 청소년들은 바빠서 자신을 돌아볼 시간이 없습니다. 중학생은 중학생답게 살지 못하고 고입 준비생으로 살고, 고등학생은 고등학생답게 살지 못하고 대입 준비생으로 살고, 대학생은 대학생답게 살지 못하고 취업 준비생으로 삽니다. 그런데 막상 취직을 한 후에도 그토록 기다리던 꽃길은 열리지 않습니다. 자신이 무엇을 하고 싶은지도 모른 채, 먹고살기 위해 해야 할 일만 남은 삶이 기다릴 뿐이죠. 그렇게 우리 한국의 젊은이들은 자신을 잃어 가며 살고 있습니다.

이 책에는 지금껏 세상 사람들이 자신이 어떤 사람인지 이해하기 위해 사용했던 20가지 테스트가 들어 있습니다. 저자인 앨리스 하먼도 말하고 있듯이, 그중에는 현대 과학의 눈으로 봤을 때 말도 안 되는 테스트도 있습니다. 오늘날 사용하는 테스트 중에서도 어떤 것은 성격 심리학자인 제가 봤을 때 다소 과학적 엄밀성이 떨어지기도 하고요.

허나 괜찮습니다. 여러분이 누구인지를 정확하게 밝혀 주는 단 하나의 테스트는 원래 이 세상에 존재하지 않기 때문입니다. 이 책에서 소개되는 테스트는 모두 여러분을 비추는 거울입니다. 그중에는 여러분이 생각하는 여러분의 모습을 선명하게 잘 보여 주는 거울이 있을 겁니다. 하지만, 어떤 거울은 볼록 거울처럼 여러분의 특정한 면을 과장하여 보여 주기도 하고, 어떤 거울은 오목 거울처럼 특정한 면을 축소해서 보여 주기도 합니다. 또 때가 많이 껴서 여러분의 모습을 잘 보여 주지 못하는 거울도 있을 겁니다. 그래서 테스트 결과를 곧이곧대로 받아들여 '이게 바로 나구나' 하고 생각하면 안 됩니다. 이 책은 여러분이 누군지에 대한 답을 주기 위한 책이 아닙니다. 여러분이 자신에 대해 관심을 갖고 진지하게 생각해 볼 수 있게 돕는 책입니다. 그래서 저는 여러분이 다음 두 가지를 생각하면서 이 책을 읽으면 좋겠습니다.

우선, 왜 심리학자들이 사람들이 가지고 있는 수많은 측면 중에서 특정한 측면을 측정하기로 결정했을지 생각해 보는 겁니다. 왜 이 세상에 짜장면을 얼마나 좋아하는지에 대한 테스트는 없을까요? 짜장면을 얼마나 좋아하는지는 삶에서 그리 중요하지 않기 때문입니다. 짜장면을 좋아한다고 인간관계가 좋아지는 것도 아니고 일을 더 잘하게 되는 것도 아니니까요. 하지만 얼마나 창의적인지를 아는 것은 삶에서 중요한 역할을 합니다. 어떤 직업을 갖는 게 좋을지와 직결되는 문제이니까요. 이 책에서 소개되는 테스트들이 측정하는 특징들은 '나는 누구인가?' 라는 질문에 대한 답을 찾는 데 중요한 것들입니다.

다음으로, 어떤 테스트가 여러분이 누구인지를 상대적으로 더 잘 보여 주고 있는지를 생각하면서 책을 보면 좋겠습니다. 이 책의 테스트들이 말하는 결과들을 아무 생각 없이 가져다 붙이면, 여러분의 얼굴은 아귀가 잘 맞지 않는 조각들의 모음이 될 겁니다. 마치 피카소 그림 속의 얼굴처럼 말이죠. 어떤 거울이 여러분을 더 잘 비추고 못 비추는지, 어떤 모습을 받아들이고 어떤 모습을 그냥 무시해도 될지, 여러분 스스로 판단해 보세요. 그런 생각의 힘이 모여 자신이 누구인지 진정으로 이해하게 될 겁니다.

끝으로, 아무도 부정할 수 없는 절대적인 진리이지만 많은 사람들이 흔히 잊고 사는 진리 하나를 여러분께 알려 드리고자 합니다. 그건 바로, 우리가 아무리 남처럼 살고 싶다고 하더라도 우리는 결국 우리 자신으로밖에 살 수 없다는 것입니다. 우리가 누구인지, 우리가 어떤 특성을 갖고 있는지, 무엇을 좋아하고 어디에서 삶의 의미를 느끼는지 알아야 하는 이유가 바로 여기에 있습니다. 우리 자신에 대해 잘 알아야 우리로서 충분히 아름답게 살 수 있는 길을 선택할 수 있기 때문이죠. 아무쪼록 이 책이 '자신에게로 떠나는 여행'의 승차권이 될 수 있기를 바라면서, 자신이 누구인지에 대한 고민을 막 시작한 많은 청소년들에게 일독을 권합니다.

박선웅 (고려대학교 심리학부 교수)

그래서요, 내 성격이 뭔데요?
20가지 심리 테스트로 여는 진로 탐색 첫걸음

초판 1쇄 발행 2022년 5월 11일
초판 5쇄 발행 2024년 6월 18일

지은이 앨리스 하먼
그린이 블록 마나예
옮긴이 황유진

펴낸이 최순영
교양 학습 팀장 김솔미 **편집** 김민정
키즈 디자인 팀장 이수현 **디자인** 곰곰디자인·조희정

펴낸곳 (주)위즈덤하우스 **출판등록** 2000년 5월 23일 제13-1071호
주소 서울특별시 마포구 양화로 19 합정오피스빌딩 17층
전화 02)2179-5600 **내용문의** 02)2179-5707
홈페이지 www.wisdomhouse.co.kr **전자우편** kids@wisdomhouse.co.kr

WHO DO YOU THINK YOU ARE
Text © 2020 Alice Harman
Illustrations © 2020 Mark 'Blok' Magnaye
First published in 2020 by Wide Eyed Editions, an imprint of The Quarto Group.
All rights reserved

Korean translation copyright © 2022 by Wisdom House, Inc.
Korean translation rights arranged with Quarto Publishing Plc
through EYA (Eric Yang Agency).

이 책의 한국어판 저작권은 EYA(Eric Yang Agency)를 통해
Quarto Publishing Plc사와 독점 계약한 ㈜위즈덤하우스에 있습니다.
저작권법에 의하여 한국 내에서 보호를 받는 저작물이므로 무단전재와 복제를 금합니다.

© 황유진, 2022

ISBN 979-11-6812-287-1 43100

* 이 책의 전부 또는 일부 내용을 재사용하려면 반드시 사전에 저작권자와
  (주)위즈덤하우스의 동의를 받아야 합니다.
* 인쇄·제작 및 유통상의 파본 도서는 구입하신 서점에서 바꿔드립니다.
* 책값은 뒤표지에 있습니다.